Best tips ever!

#timetomomo

VOR ORT
INGE DE BOER

STADT
MAILAND

JOB & TÄTIGKEITEN
BLOGGERIN UND ORGANISATORIN VON STADTFÜHRUNGEN

2012 zog Inge mit ihrem Freund nach Mailand und wollte dort eigentlich das Leben in Italien ein Jahr genießen. Es gefiel ihnen aber so gut, dass sie blieben. Mailand entwickelt sich rasant und man kann immer wieder neue Ecken entdecken. Inge kennt die Stadt wie sonst niemand und nimmt dich mit auf Tour durch das echte Mailand.

PRAKTISCHE INFOS

Mit den sechs Touren aus diesem Guide kannst du die schönsten Ecken der Stadt zu Fuß entdecken. Die Touren führen zu Museen und Sehenswürdigkeiten, zeigen dir aber vor allem auch, wo du gut essen und trinken, shoppen, genießen und Schönes erleben kannst. Auf der Übersichtskarte vorn im Guide kannst du sehen, durch welche Stadtteile die Strecken verlaufen.

Jede Tour wird am Anfang des jeweiligen Kapitels auf einem detaillierten Plan gezeigt. Auf diesem Plan sind auch alle Adressen aufgeführt. An der Farbe der Kreise kannst du erkennen, um was für eine Adresse es sich handelt (siehe Legende unten auf dieser Seite). In den Kapiteln wird jede Adresse immer ausführlich beschrieben. Ohne den Besuch dieser Adressen dauert jede Tour maximal drei Stunden. Die Länge findest du über der Routenbeschreibung.

PREISE

Um dir eine Vorstellung von den Preisen in Restaurants zu geben, findest du bei diesen Adressen immer auch Preisangaben. Wenn nicht anders angegeben, handelt es sich um den Durchschnittspreis für ein Hauptgericht. Bei den Eintrittspreisen für Sehenswürdigkeiten handelt es sich um die Normalpreise, mögliche Reduzierungen führen wir nicht auf.

GUT ZU WISSEN

Vor allem kleinere Läden außerhalb des Zentrums sind in der Woche zwischen 13.00 und 15.30 Uhr geschlossen. Abends sind sie bis etwa 19.30 Uhr geöffnet, einige Warenhäuser sogar bis 22.00 Uhr. Der Wintersale beginnt am ersten Samstag im Januar, der Sommersale am ersten Julisamstag.

LEGENDE

- >> SEHENSWÜRDIGKEITEN
- >> ESSEN & TRINKEN
- >> SHOPPEN
- >> FREIZEITTIPPS

DAS BESTE VON MAILAND IN 6 ROUTEN

ROUTE 1 > CENTRO S. 18

Im pulsierenden Zentrum befinden sich berühmte Denkmäler und du kannst nach Herzenslust shoppen. Besuch unbedingt die „Quadrilatero della Moda" mit Showrooms aller bekannten Modehäuser.

ROUTE 2 > BRERA, PORTA GARIBALDI & ISOLA S. 38

Schlendere durch die schmalen Gassen von Brera. Die Porta Garibaldi und die Isola sind angesagte, dynamische Viertel mit tonangebender Architektur.

ROUTE 3 > NAVIGLI & TORTONA S. 58

Um die Navigli, die Kanäle, liegt ein hübsches Viertel mit vielen Antiquariaten und Ateliers. Im angrenzenden Tortona wurden alte Fabrikhallen zu Hubs für Mode und Design umgestaltet.

ROUTE 4 > SANT'AMBROGIO & ZENTRUM SÜD S. 78

Eine Route voller Kontraste: ruhige Gassen um die Kirche Sant'Ambrogio und in Cinque Vie, Trubel um die Università Cattolica und die Colonne di San Lorenzo.

ROUTE 5 > ARCO DELLA PACE, CORSO MAGENTA, WAGNER & CITYLIFE S. 98

Starte gemächlich im Parco Sempione und besuche das Castello Sforzesco. Um die Metrostation Wagner geht es turbulenter zu und Architekturfans kommen auf der Shoppingmeile CityLife auf ihre Kosten.

ROUTE 6 > PORTA ROMANA, DATEO & PORTA VENEZIA S. 118

Bewundere moderne Kunst im Fondazione Prada und misch dich dann unter die Einheimischen.

HAPPY TIME GUIDE MAILAND

Raus aus dem Hotel und direkt los in die schönsten Ecken der Stadt! Auf dem Weg in neue Restaurants, zum besten Kaffee und zu lokal gebrautem Bier. Im **happy time guide** teilen unsere lokalen Autoren aus Liebe zu ihrer Stadt echte Highlights mit dir. So überspringst du die überfüllten Nullachtfünfzehn-Shoppingmeilen und findest während des Spaziergangs entlang von Sehenswürdigkeiten die schönsten Locations, die bei den Einheimischen angesagt sind. Genieß jede Sekunde und hol aus deinem Städtetrip alles heraus!

AUF NACH MAILAND!

Du wirst Mailand entdecken! Die Stadt ist bekannt für Mode und Design, hat aber noch viel mehr zu bieten. Sie gehört zu den gut bewahrten Geheimtipps in Europa. Vom Gefühl her vielleicht nicht die attraktivste Stadt, aber nichts könnte weiter von der Wahrheit entfernt sein ... Mailand ist die dynamischste Metropole Italiens, in der Kultur, Shopping, Design und tolle Gastronomie vereint sind. Besuch die verschiedenen Viertel, die jeweils einen ganz eigenen Charakter zeigen. Die kompakte Stadt ist recht übersichtlich, alles ist gut zu Fuß oder mit dem Rad erreichbar. Auch die öffentlichen Verkehrsmittel sind gut organisiert. Besichtige den Duomo im Zentrum und schlendere danach gemütlich durch die Einkaufsstraßen. Aber mach auch ein paar Abstecher und besuche weniger bekannte Stadtviertel, die viel zu bieten haben.

Der **happy time guide** nimmt dich mit auf schöne Touren, lässt dich die Stadt in deinem Tempo entdecken und den lokalen Lifestyle erleben. Ohne dass du etwas vorbereiten musst. Wir führen dich auf unseren Routen zu den besten Restaurants, Cafés, Museen, Galerien, Läden und Sehenswürdigkeiten – zu den Orten unserer Stadt, die wir selber lieben und an denen wir gern Zeit verbringen. Vielleicht begegnen wir uns sogar!

Keine der Adressen, die wir beschreiben, hat für die Erwähnung bezahlt, weder für Text noch für Fotos. Sämtliche Texte wurden von einer unabhängigen Redaktion verfasst.

Bei Kirchenbesuchen solltest du dich unbedingt an die Kleiderordnung halten. Das bedeutet für Frauen und Männer gleichermaßen, Schulter und Knie zu bedecken. Männer werden auch manchmal gebeten, keine offenen Schuhe zu tragen. Dies wird zwar außer im Duomo nicht kontrolliert, du solltest es aber aus Respekt vor den Gläubigen beachten. Nimm zum Beispiel in den Sommermonaten einfach ein leichtes Tuch mit.

Im Juli und im August kann es in Mailand nämlich sehr heiß werden. Berücksichtige das und trink auf jeden Fall ausreichend (Trinkflaschen kannst du an einem der vielen *Fontanelle*, den Trinkbrunnen, auffüllen). Versuch, die heißesten Stunden einfach ruhig anzugehen, oder besuch während dieser Zeit klimatisierte Museen und Geschäfte.

ITALIENISCHE ESSGEWOHNHEITEN

Italiener frühstücken nicht sehr ausgiebig. Oft holt man sich ein *Brioche* (eine Art weiches Croissant) und einen Espresso oder Cappuccino in einer Bar. Wer den Espresso an der Bar trinkt, zahlt häufig weniger als Gäste an den Tischen.

BISTROT A

Das Mittagessen nimmt man in Italien zwischen 12.30 und 14.00 Uhr ein. Manche Restaurants bieten ein *Menu Pranzo* an, bei dem man für relativ wenig Geld ein Zwei- oder Drei-Gänge-Menü mit Wasser, Wein und Kaffee erhält. Abends setzt man sich meist nicht vor 19.30 Uhr an den Tisch. Viele Restaurants sind vorher auch gar nicht geöffnet, nur Pizzerias öffnen etwas früher. Um den Appetit vor dem Abendessen zu stillen, gibt es gegen 16.00 Uhr einen *Merenda*, einen süßen oder herzhaften Snack.

Vor dem Essen wird oft ein *Aperitivo* gereicht. In den meisten Bars bekommst du zwischen 18.00 und 20.00 Uhr ein paar Häppchen zum Drink. In luxuriöseren Läden bestellt und zahlt man diese separat.

Ein italienisches Abendessen besteht meist aus drei Gängen, *Antipasto* (Vorspeise), *Primo* (erster Gang) und *Secondo* (zweiter Gang, das eigentliche Hauptgericht). Der *Primo* ist ein Pasta- oder Reisgericht. Der *Secondo* besteht meist aus Fisch oder Fleisch. Gemüse und Kartoffeln musst du häufig extra bestellen. Sie stehen auf der Speisekarte unter *Contorni*.

Die Italiener kennen drei verschiedene Sorten Restaurants. Ein *Ristorante* ist ziemlich elegant. Eine *Trattoria* bietet eine etwas einfachere Küche mit oft großen Portionen. Und die *Osteria* ist traditionell ein preiswertes Restaurant. Derzeit sind die Osterias bei vielen Leuten wegen der niedrigen Preise beliebt.

Übrigens musst du in Italien kein Trinkgeld geben. Offiziell ist das sogar illegal, weil es sich um Schwarzgeld handelt. Die meisten Restaurants berechnen jedoch einen *Coperto*, der mindestens 1 Euro pro Person beträgt. Der genaue Betrag wird fast immer auf der Speisekarte angegeben.

LANDESWEITE FEIERTAGE

Neben Neujahr, Ostern und Weihnachten gibt es in Italien folgende offizielle Feiertage:

6. Januar > Heilige Drei Könige und Befana (Hexe, die Süßigkeiten in die Socken braver Kinder füllt)

25. April > Tag der Befreiung Italiens

1. Mai > Tag der Arbeit

2. Juni > Fest der italienischen Republik
15. August > Mariä Himmelfahrt
1. November > Allerheiligen
7. Dezember > Sant'Ambrogio (Schutzpatron von Mailand)
8. Dezember > Mariä Empfängnis

An diesen Tagen bleiben die meisten Geschäfte und viele Restaurants geschlossen. Geschäfte und Gastronomie im Zentrum sind eine Ausnahme. In der Woche vor und nach dem 15. August haben viele Geschäfte, Bars und Restaurants geschlossen. Die Mailänder besuchen ihre Familien in anderen Landesteilen, um einen der wichtigsten Feiertage des Jahrs zu begehen, Mariä Himmelfahrt.

HAST DU NOCH TIPPS?

Wir haben diesen Reiseführer mit größtmöglicher Sorgfalt zusammengestellt. Das Angebot an Läden und Restaurants wechselt in Venedig jedoch fortwährend. Wir sind bemüht, die Routen und Adressen auf dem aktuellen Stand zu halten, und überarbeiten diesen Reiseführer regelmäßig. Wenn du trotzdem eine Adresse nicht mehr finden kannst oder andere Anmerkungen oder Tipps zu diesem Reiseführer hast, dann lass es uns wissen. Schreib uns eine E-Mail an lektorat@verlagshaus.de.

VERKEHR

FLIEGEN

Mailand ist über drei **Flughäfen** erreichbar: Linate, Malpensa und Orio al Serio (Bergamo). Linate ist der nächste Flughafen zur Stadt, 7 Kilometer vom Zentrum entfernt. Die Billiglinie Ryanair fliegt Bergamo an (z. B. ab Frankfurt, Köln, Düsseldorf, Hamburg und Berlin) und EasyJet landet in Malpensa und Linate (ab München und Berlin).

Ab Linate fährt alle zehn Minuten ein Bus (Linie 73) zur Metrostation San Babila im Zentrum. Tickets gibt es für 2 Euro im Automaten am Flugplatz. Der Shuttlebus zum Bahnhof Milano Centrale fährt alle halbe Stunde und kostet 5 Euro. Tickets bekommst du im Bus.

DELLA CO
P

192
4727

M
VERSACE
EROS

Ab Malpensa geht es am schnellsten mit dem **Malpensa Express** (www.malpensa express.it). Alle halbe Stunde fährt dieser Zug dich für 13 Euro (hin und zurück 20 Euro) innerhalb von 40 Minuten zum Bahnhof Cadorna oder Milano Centrale. Taxifahren ist viel teurer, vor allem zu Stoßzeiten. Du kannst auch einen der Shuttlebusse nehmen. Es gibt drei Gesellschaften, die alle 20 Minuten fahren. Die Kosten für eine einfache Fahrt betragen 10 Euro, Hin- und Rückfahrt 16 Euro.

Bergamo liegt wie Malpensa weiter vom Zentrum entfernt. Die Taxifahrt von diesem Flughafen nach Mailand ist ziemlich teuer. Alle 20 Minuten verkehrt ein Shuttlebus zum Bahnhof Milano Centrale. Tickets ab 10 Euro für die einfache Fahrt sind im Bus erhältlich.

ÖFFENTLICHE VERKEHRSMITTEL.

In Mailand selbst nimmst du am besten die **Metro**. Die Metrokarte findest du hinten in diesem Guide. Manche Orte sind besser mit der Straßenbahn erreichbar. In Mailand gibt es gute Busverbindungen, Straßenbahn und Metro sind jedoch besser ausgeschildert und auch schneller.

Ein Metro-/Straßenbahnticket kostet 2 Euro und gilt 90 Minuten. Man kann mehrmals ein- und aussteigen. Wenn du von der Straßenbahn in die Metro umsteigen möchtest (oder umgekehrt), ist das mit demselben Ticket möglich. Die Tickets sind an den Metrostationen oder in den vielen Tabakläden der Stadt erhältlich. Letztere erkennst du am Schild mit dem „T". Außerdem kannst du ein Ticket für 24 Stunden (7 Euro) oder 72 Stunden (12 Euro) kaufen. Aber Achtung, das 72-Stunden-Ticket gilt bis zum Fahrplanende des dritten Tags nach Antritt der ersten Fahrt.

Die Metros fahren den ganzen Tag von 6.00 bis 2.00 Uhr. Es gibt auch Nachtlinien, deren Zeiten ändern sich jedoch häufig (www.atm.it).

TAXI

In Mailand kannst du ein **Taxi** nicht einfach so auf der Straße anhalten. Die Taxis halten auf dem Weg zu ihrem Ziel nicht an, um Personen aufzunehmen. Eine Fahrt kannst du an einem der Taxistände beginnen. Telefonisch oder über die App FREE NOW (free-now.com) kannst du ein Taxi bestellen.

AUTO

Wenn du mit dem **Auto** in die Stadt möchtest, achte gut auf die Verkehrsschilder. In Mailand gibt es zwei Umweltzonen: Area b, die fast für die ganze Stadt gilt, und Area c für das Zentrum. Zweck dieser Zonen ist es, die Anzahl der Autos in der Stadt zu verringern und die Luftqualität zu verbessern. Ein nicht allzu altes Auto kann ohne Probleme in Area b. Die Regelung für Area c ist jedoch strenger. Unter der Woche darfst du von 7.30 bis 19.30 Uhr nur mit einem Ticket ins Zentrum fahren. Das Ticket erhältst du für 5 Euro online oder im Parkhaus (auch nachdem du in die Zone c gefahren bist). Vergiss nicht, das Ticket innerhalb von 24 Stunden zu aktivieren, sonst könnte eine Geldstrafe fällig sein. Besuche (www.comune.milano.it/aree-tematiche/mobilita).

RAD FAHREN

Mailand kannst du gut mit dem Fahrrad erkunden. Die Stadt ist nicht allzu groß und eben. Es werden immer mehr Radwege angelegt, gerade weil die Gemeinde Mailand in der Coronapandemie das Rad als Alternative zu öffentlichen Verkehrsmitteln fördern möchte.

Bei **BikeMi**, einem Bikesharing-System, kannst du ein Rad ganz unkompliziert mieten. Im Zentrum gibt es fast 5500 Fahrräder (ein Teil davon Pedelecs) an über 320 Standorten (www.bikemi.com). Tickets gibt es im Internet und in der BikeMi-App. Eine Tageskarte kostet 4,50 Euro, die Wochenkarte 9 Euro. Bei normalen Rädern ist die erste halbe Stunde kostenlos, bei E-Bikes kostet sie 0,25 Euro. Danach zahlst du pro halbe Stunde 0,50 Euro bei einer maximalen Mietzeit von zwei Stunden ohne Unterbrechung.

Du kannst dich auch bei **mobike** registrieren, einem der Freefloating-Anbieter. Lade die App bei www.mobike.com herunter und registrier dich. Die Räder findest du mithilfe der App und innerhalb eines bestimmten Gebiets kannst du sie überall abstellen. Aber achte darauf, dass sie dann nicht im Weg stehen. Die Kosten für ein Mobike betragen 1 Euro pro 20 Minuten.

TOP 10 CONCEPT-STORES

1 Schau dich stundenlang bei **The Cloister** um > S. 96

2 Bei **Zelo21** gibt es Accessoires im skandinavischen Stil > S. 114

3 Der **Isola Lab Concept store** verkauft Produkte italienischer Hersteller > Via Voghera 6

4 **L'Arabesque** für Kleidung und Einrichtung > Largo Augusto 10

5 Die **Six Gallery** bietet Design fürs Wohnen > Via Scaldasole 7

6 Japanisch shoppen bei **Tenoha Milano** > Via Vigevano 18

7 Alles für grüne Wohnungen gibt es im **Green Fingers Market** > S. 73

8 **Rossana Orlandi** ist ein Muss, wenn es um Design geht > S. 140

9 **Ciasmo** ist Atelier und Concept-Store in einem > S. 131

10 Verirr dich nicht in den Räumen von **Cargo HighTech**! > S. 53

Die wichtigsten Sehenswürdigkeiten befinden sich rund um die **Piazza del Duomo**. Hier herrscht ein herrliches Chaos aus Touristen und Mailändern. Mach Fotos, geh dann zum **Museo del Novecento** und schlendere durch die berühmte **Galleria Vittorio Emanuele II**. Diese überdachte Passage bildet eine Verbindung zwischen der Piazza del Duomo und dem **Teatro alla Scala**. Im Süden der Piazza del Duomo liegt eines der ältesten Gebäude der Stadt, heute Hauptstandort der **Università Statale**. Eine ruhige Gegend mit hübschen Kirchen, schönen Restaurants und kleinen Läden.

WENIG ZEIT? DAS SIND DIE HIGHLIGHTS:
DUOMO + GALLERIA VITTORIO EMANUELE II + RUNDE VIA MONTE NAPOLEONE + TEATRO ALLA SCALA + MUSEO DEL NOVECENTO

TIPPS
// Wenn du zum ersten Mal in Mailand bist
// Ideal für Fashionistas
// Nimm einen Drink bei Terrazza12 im The Brian & Berry Building

CENTRO

1. Giardini Pubblici Indro Montanelli
2. Civico Planetario Ulrico Hoepli
3. Villa Reale/GAM
4. Dondup Casa Milano
5. Patrizia Pepe
6. Nobu
7. Salvatore Ferragamo
8. Il Salumaio
9. Museo Bagatti Valsecchi
10. Armani Casa
11. Bar Martini
12. Palazzo Morando – Costume Moda Immagine
13. Cova Monte Napoleone
14. Runde Via Monte Napoleone
15. DoDo
16. Casa degli Omenoni
17. Casa del Manzoni
18. Museo Poldi Pezzoli
19. Teatro alla Scala
20. Ristorante Trussardi alla Scala / Café Trussardi
21. Galleria Vittorio Emanuele II
22. K-way
23. Ferrari Store
24. Marchesi 1824
25. Camparino in Galleria
26. Duomo
27. Palazzo Reale
28. Museo del Novecento
29. Rinascente / Annex
30. Luini
31. The Brian & Barry Building
32. Trattoria e Bottiglieria da Pino
33. Chiesa di San Bernardino alle Ossa
34. Colibrì
35. Ca' Granda
36. Torre Velasca
37. Basilica dei Santi Apostoli e Nazaro
38. Tamo mozzarellabar

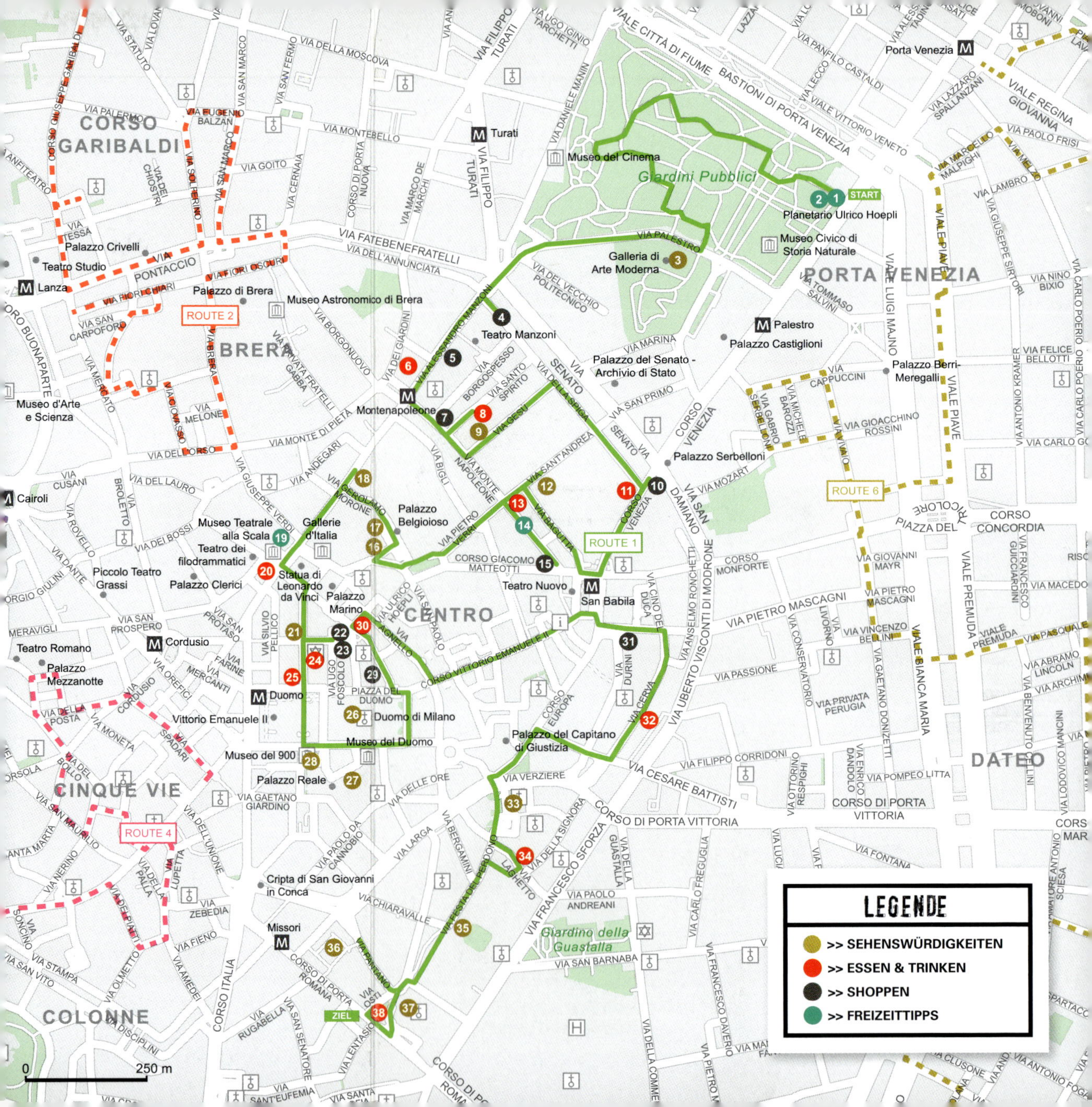
LEGENDE
>> SEHENSWÜRDIGKEITEN
>> ESSEN & TRINKEN
>> SHOPPEN
>> FREIZEITTIPPS
START
ZIEL
ROUTE 1
ROUTE 2
ROUTE 4
ROUTE 6
CORSO GARIBALDI
BRERA
PORTA VENEZIA
CENTRO
CINQUE VIE
COLONNE
DATEO
Giardini Pubblici
Giardino della Guastalla
Planetario Ulrico Hoepli
Museo del Cinema
Museo Civico di Storia Naturale
Galleria di Arte Moderna
Porta Venezia
Turati
Palestro
Palazzo Castiglioni
Palazzo Berri-Meregalli
Palazzo del Senato - Archivio di Stato
Palazzo Serbelloni
Teatro Manzoni
Montenapoleone
Palazzo Belgioioso
Gallerie d'Italia
Museo Teatrale alla Scala
Teatro dei filodrammatici
Piccolo Teatro Grassi
Palazzo Clerici
Statua di Leonardo da Vinci
Palazzo Marino
Teatro Nuovo
San Babila
Palazzo Crivelli
Teatro Studio
Lanza
Palazzo di Brera
Museo Astronomico di Brera
Museo d'Arte e Scienza
Cairoli
Cordusio
Teatro Romano
Palazzo Mezzanotte
Duomo
Vittorio Emanuele II
Duomo di Milano
Museo del Duomo
Museo del 900
Palazzo Reale
Palazzo del Capitano di Giustizia
Cripta di San Giovanni in Conca
Missori
CORSO DI PORTA VITTORIA
CORSO VITTORIO EMANUELE II
CORSO VENEZIA
VIA FATEBENEFRATELLI
VIA PALESTRO
PIAZZA DEL DUOMO
CORSO CONCORDIA
0
250 m

TOP 10 RESTAURANTS

1 Klassische italienische Küche mit Niveau bietet **Il Salumaio** > S. 29

2 Essen mit Aussicht auf den Duomo auf dem Dach des Warenhauses **Rinascente** > S. 36

3 Umgib dich im **N'Ombra de Vin** mit Dutzenden Weinflaschen > S. 46

4 Slowfood bei **Eataly Smeraldo**, dem Ort für Foodlovers! > S. 46

5 Leute beobachten auf der Terrasse von **Al Pont de Ferr** > S. 66

6 Speisen in einem schönen Garten zwischen alten Fabriksgebäuden: **Al Fresco** > S. 69

7 Streetfood mit Niveau bei **Zibo** > S. 89

8 Feine *Salumi* (Fleisch- und Wurstwaren) im **Casa Lucia** > S. 109

9 Den Sonnenuntergang genießen bei **GUD City Life** > S. 110

10 Bei **Dhole** wähnst du dich in Hightech-Sphären > S. 126

TOP 10 | # ABENDS AUSGEHEN

1 Jazzliebhaber reservieren am Abend im **Blue Note** > Via Pietro Borsieri 37

---

2 Die *Rooftop*-Bar **Ceresio 7** ist im Sommer *the place to be* > S. 138

---

3 Wer Lust auf einen Clubabend hat: **Hollywood** > Corso Como 15

---

4 Romantischer Spaziergang am **Naviglio Grande** > S. 58

---

5 Abends den beleuchteten **Duomo** bewundern > S. 25

---

6 In **Brera** ein schönes Restaurant aussuchen > S. 38

---

7 Abendschwimmen im **Bagni Misteriosi** > S. 137

---

8 Einen *Aperitivo* nehmen oder romantisch zu Abend essen bei **Terrazza Triennale** > S. 102

---

9 Nach dem *Aperitivo* geht es zu einer Ausstellung im **Palazzo Reale** > S. 25

---

10 Genieß einen Kinoabend im **Anteo spazioCinema** > S. 57

TOP 10 SONNTAG

1. Genieß bei klarem Wetter die Aussicht auf dem **Duomo** > S. 25
2. Spaziere am frühen Morgen durch das erwachende **Brera** > S. 38
3. Ein Fahrrad mieten und **am Martesana-Kanal radeln** > S. 142
4. Schlendere über den Antikmarkt an den **Navigli** > S. 74
5. Genieß einen Brunch bei **BASE** > S. 76
6. Verbring einen Vormittag im **Museo Nazionale della Scienza** > S. 82
7. Misch dich unter die Mailänder und geh im **Parco Sempione** laufen > S. 114
8. Erlebe italienische Leidenschaft in Vollendung im Stadion **San Siro** > S. 141
9. Genieß die Sonne in den **Giardini Pubblici** > S. 37
10. Relaxe in den **QC Termemilano** > S. 136

ROUTE 1

CENTRO

INFOS ZUR ROUTE

Diese Wanderung führt dich entlang an den bekanntesten Sehenswürdigkeiten Mailands wie dem Duomo, dem Teatro alla Scala und der Galleria Vittorio Emanuele II. Außerdem vorbei an vielen Museen, die einen Besuch wert sind. Auch Shoppingfans kommen auf dieser Tour auf ihre Kosten. Du gehst durch das Quadrilatero della Moda, in dem alle großen Modehäuser wenigstens einen Laden haben, oder durch die Corso Vittorio Emanuele II, die von den großen internationalen Ketten dominiert wird.

DAS VIERTEL

Das Mailänder Zentrum, das **Centro**, ist gleichzeitig auch der älteste Teil der Stadt, der schon zu Zeiten der Römer bebaut war. An der Nordostseite des Zentrums liegen die **Giardini Pubblici Indro Montanelli**, wo die Mailänder gern Sport treiben. Liebhaber von Wissenschaft und Kultur sind in einem der Museen in und am Park an der richtigen Adresse.

Wenn du unter der ehemaligen Porta Nuova hindurchgegangen bist, befindest du dich bald in einem für Mailand typischen Viertel. Denn auch wenn die Stadt mehr als Mode und Design zu bieten hat, kannst du im Zentrum nach Herzenslust shoppen. Die edelsten Läden liegen im **Quadrilatero della Moda**, dem Gebiet zwischen der Via Monte Napoleone, Via Manzoni, Via della Spiga und der Corso Venezia.

In dieser (teilweisen) Fußgängerzone kannst du nicht nur an Schaufenstern bummeln, sondern auch schöne Gebäude und Paläste entdecken. Samstags kommen Autofans hier auf ihre Kosten, dann verwandelt sich die **Via Monte Napoleone** in einen Boulevard, der von den teuersten Luxuskarossen befahren wird. Außerdem liegen hier zwei Museumswohnungen. Hier ist es nicht so trubelig und deshalb kann man in Ruhe herumschlendern.

BESCHREIBUNG ROUTE 1 (ca. 8,1 km)

Starte in der Giardini Pubblici Indro Montanelli 1 2. Spaziere durch den Park und besuch die GAM 3. Wieder draußen biegst du links in die Via Palestro ein. Überquer die Via Senato und shoppe Inneneinrichtung 4. Geh zurück zur Via Manzoni 5 6 und dann links in die Via Monte Napoleone 7. Links in der Via Gesù kannst du fantastisch italienisch essen 8 oder das Museo Bagatti Valsecchi besuchen 9. Bieg am Ende rechts ab und geh durch die Via della Spiga, bis du die Corso Venezia erreichst 10 11. Hier gehst du nach rechts und weiter bis zur Piazza San Babila. Bieg rechts in die schmale Via Bagutta ein. In der Via Sant'Andrea kannst du den Palazzo Morando 12 besuchen. Geh zur Via Monte Napoleone, gönn dir eine Tasse Kaffee und etwas Leckeres 13, dann bieg links ab für Luxusautos und Shoppingspaß 14 15. Jetzt zurück an die Kreuzung und links in die Via Pietro Verri. Am Ende der Piazza Meda siehst du rechts eine bemerkenswerte Fassade 16 oder besuch eines der beiden Museen 17 18. Von der Via Manzoni gehst du zur Piazza della Scala, kaufst dir ein Ticket für die Oper oder besuchst das Museum 19 und nimmst bei Trussardi 20 einen leichten Lunch ein. Geh durch die schicke Passage 21 , bewundere die Schaufenster oder besuch die Läden 22 23. Genieß einen Kaffee *al banco* mit Blick auf den Mosaikboden 24 oder nimm einen *Aperitivo* 25. Bewundere danach das wichtigste Denkmal von Mailand 26. An diesem Platz liegen zwei Museen, eines mit wechselnden Ausstellungen 27 und eines mit einer ständigen Ausstellung moderner Kunst 28. Dreh eine Runde um die Kathedrale und schau dir das größte Bleiglasfenster Europas an. Bei Rinascente kannst du shoppen oder bei Speisen und Getränken die Aussicht auf den Duomo genießen 29. Wenn du Lust auf einen schnellen Snack hast, besuchst du Luini 30. Geh nach rechts, dann direkt wieder rechts und lauf die Via Agnello hinunter. Geh links in die Corso Vittorio Emanuele II. Hier sind alle großen Shoppingketten vertreten. Überquer die Piazza San Babila und besuch The Brian & Barry Building zum Shoppen oder Essen 31. Bieg rechts in die Via Cerva ab 32. Am Ende der Straße gehst du nach rechts, dann direkt links auf die Corso Europa. Überquer sie und bestaune die Verzierungen aus menschlichen Knochen 33. Bei Colibrì kannst du nach Büchern stöbern oder etwas trinken 34. Die Innenhöfe des Ca'Granda 35 sind einen Besuch wert. Aus der Entfernung betrachtest du das meistdiskutierte Gebäude Mailands 36. Besuch die Basilika 37 und beschließ den Tag mit einem *Aperitivo* und einem leckeren Happen auf Mozzarella-Basis 38.

SEHENSWÜRDIGKEITEN

③ In den Giardini Pubblici befindet sich die **Villa Reale**, hier übernachtete einst Napoleon. Hier hat die **GAM** ihren Sitz, die Galleria d'Arte Moderna. Das Museum zeigt eine Sammlung aus Kunst des 19. Jahrhunderts von italienischen Künstlern wie Piccio und Pellizza. Außerdem besitzt das Museum eine Sammlung unter anderem mit Werken von Matisse, Van Gogh und Picasso.
Via Palestro 16, www.gam-milano.com, Tel. 0288445947, Di–So 9.00–17.30, Eintritt 5 €, jeden 1. und 3. Di. des Monats ab 14.00 Uhr kostenlos, Metro 2 Palestro, 3 Turati, Montenapoleone

⑨ Das **Museo Bagatti Valsecchi** befindet sich in einem Palazzo des ausgehenden 19. Jahrhunderts. Früher war es das Wohnhaus zweier Brüder, den Baronen Fausto und Guiseppe Bagatti Valsecchi. Die Erben entschieden, dass ihre Sammlung an Renaissancekunst nicht verloren gehen sollte. Sie wollten den Menschen eine Einblick in das Haus bieten, wie es damals war, und beschlossen, es nach einer gründlichen Renovierung für die Öffentlichkeit zugänglich zu machen.
Via Gesù 5, www.museobagattivalsecchi.org, Tel. 0276006132, Do, Fr 13.00–17.45, Sa–So 10.00–17.45 Uhr, Eintritt 10 €, Metro 1 San Babila, 3 Montenapoleone

⑫ Im **Palazzo Morando – Costume Moda Immagine** ist eine Dauerausstellung auf der ersten Etage der Modegeschichte gewidmet. Du kannst historische Kleidungsstücke, Stoffe und Accessoires betrachten. Außerdem sind Gemälde mit Szenen aus dem Mailand des 17., 18. und 19. Jahrhunderts ausgestellt. Das Erdgeschoss wird für wechselnde Ausstellungen genutzt. Hier präsentieren Studenten der Accademia di Belle Arti di Brera beispielsweise Textildesign.
Via Sant Andrea 6, www.costumemodaimmagine.mi.it, Tel. 0288465735, Di–So 10–17.30 Uhr, Eintritt kostenlos, Metro 1 San Babila, 3 Montenapoleone

⑯ Die **Casa degli Omenoni** liegt etwas versteckt in einer Ecke; viele Mailänder kennen dieses Haus mit seinen stattlichen „großen Männern" nicht einmal. 1565 erbaut nach eigenen Entwürfen des Auftraggebers und des Bildhauers Leone Leoni ist das Meißeln der Steinbilder jedoch das Werk von Antonio Abondio. Im Türsims ließ sich Leoni neben zwei Löwen verewigen. Das soll nicht nur auf seinen Namen verweisen (*leone* ist italienisch für Löwe), sondern auch seinen aufbrau-

The heart of the city
il Salotto

senden Charakter versinnbildlichen. Das Gebäude ist heute Sitz einer exklusiven italienischen Gesellschaft und für die Öffentlichkeit nicht zugänglich.

Via degli Omenoni 3, nicht für die Öffentlichkeit zugänglich, Metro 1, 3 Duomo

⑰ Alessandro Manzoni (1785–1873) war einer der berühmtesten italienischen Schriftsteller. Sein Roman *I Promessi Sposi* (Die Verlobten) ist das meistgelesene Buch der italienischen Literatur. In seinem ehemaligen Wohnhaus, **Casa del Manzoni**, gibt es eine Ausstellung über sein Leben.

Via Gerolamo Morone 1, www.casadelmanzoni.it, Tel. 0286460403, Di, Mi 10–14, Do, Fr 10.00–18.00, Sa 12.00–18.00 Uhr, Eintritt 8 €, Metro 1 Duomo, San Bibila, 3 Montenapoleone

⑱ 1871 machte Poldi Pezzolli, einer der begehrtesten Junggesellen Mailands, sein Haus zum Museum – das **Museo Poldi Pezzoli**. In der Gemäldesammlung sind Renaissancestücke sowie klassische Malerei des 18. Jahrhunderts.

Via Manzoni 12, www.museopoldipezzoli.it, Tel. 02796334, Mo, Mi–So 10.00–13.00 und 14.00–18.00 Uhr, Eintritt 10 €, Metro 1 Duomo, 3 Montenapoleone

㉑ Die wunderschöne Einkaufspassage **Galleria Vittorio Emanuele II** wurde 1867 eröffnet. Ziel war die Verbindung der beiden wichtigsten Denkmäler der Stadt: des Teatro alla Scala und des Duomo. Der Boden unter der Kuppel zeigt ein Mosaik mit dem Wappen des ehemaligen Königshauses von Savoyen: ein silbernes Kreuz auf rotem Grund. Um das Kreuz sind die Symbole der vier (ehemaligen) Hauptstädte des Lands angeordnet: Mailand (zu Napoleons Zeiten), Turin, Florenz und Rom. Turin wird durch einen Stier symbolisiert. Dem Stier auf die Hoden zu treten soll übrigens Glück bringen.
Piazza del Duomo/Piazza della Scala, täglich geöffnet, Metro 1, 3 Duomo

㉖ Der **Duomo**, der Mailänder Dom, zählt zu den größten Kirchen der Welt. Nach Baubeginn im Jahr 1386 wurde die Kathedrale erst 600 Jahre später fertiggestellt. Im Innen- und Außenbereich befinden sich über 3400 Bildnisse von Heiligen, Tieren, Monstern und mehr oder weniger bekannten Vertretern der italienischen Geschichte. Die goldene Madonnina auf dem höchsten Turm ist schon von Weitem sichtbar. Wenn du sie aus der Nähe betrachten möchtest, besuch die Terrazze. Von diesen Dachterrassen der Kathedrale hast du einen fantastischen Blick über die Stadt und bei gutem Wetter sogar bis zu den Alpen.
Piazza del Duomo 18, www.duomomilano.it, Tel. 0272023375, Kirche tgl. 8.00–19.00, Krypta Mo–Fr 11.00–17.30, Sa 11.00–17.00, So 13.30–15.30 Uhr, Eintritt ab 15 € einschl. Terrasse, Metro 1, 2 Duomo

㉗ Bereits im 14. Jahrhundert befand sich an diesem Ort der Sitz der Mailänder Stadtverwaltung, später war er auch Wohnsitz der Person, der die Führung der Stadt oblag. Der heutige **Palazzo Reale** aus dem Jahr 1778 wurde vom selben Architekten wie das Teatro alla Scala verwirklicht: Giuseppe Piermarini. Der Komplex beherbergt derzeit ein Museum mit wechselnden Ausstellungen international bekannter Künstler und ein Museum über den Duomo. Der Museumsbesuch ist kostenlos, wenn du eine Eintrittskarte für den Duomo hast.
Piazza del Duomo 12, www.palazzorealemilano.it, Tel. 0288445181, tgl. 10–19.30 Uhr, Mo geschl., Eintritt 14 €, Metro 1, 3 Duomo

㉘ Das **Museo del Novecento** befindet sich im Palazzo dell'Arengario, erbaut in den 1930er-Jahren und von Mussolini genutzt, um zum Volk zu sprechen. Dies ist eines der wenigen Gebäude, das mit Marmor aus demselben Steinbau wie

der Duomo verkleidet ist. 2010 wurde hier das Museum für moderne Kunst eröffnet. Hier kannst du Werke der Künstler Mondriaan, Picasso und Matisse bewundern. Im Obergeschoss befindet sich das Luxusrestaurant Giacomo all'Arengario. Die Qualität der Speisen an sich wird nicht so gerühmt, aber der Ausblick auf den Duomo mit seinem Vorplatz macht das wett.
Via Marconi 1, www.museodelnovecento.org, Tel. 0288444061, Di, Mi, Fr–So 10.00–19.30, Do 10.00–22.30 Uhr, Eintritt 10 €, Metro 1, 3 Duomo

(33) Kaum ein Mailänder kennt die **Chiesa di San Bernardino alle Ossa**, obwohl sie sich von anderen Mailänder Kirchen durch ihre höchst makabre Kapelle unterscheidet. Die Wände sind mit menschlichen Knochen *(osse)* und Schädeln des Friedhofs geschmückt, der sich bis zum 12. Jahrhundert neben der Kirche befand. Schau dir auch das 1693 bis 1694 von Sebastiano Ricci gemalte Kuppelfresko an.
Piazza Santo Stefano, www.sanbernardinoalleossa.it, Tel. 0276023735, Mo–Fr 8.00–18.00, Sa 9.30–18.00, So 9.30–12 Uhr, Eintritt kostenlos, Metro 1, 3 Duomo, 1 San Babila

(35) Das **Ca' Granda**, das „große Haus", war bis 1939 das größte Krankenhaus der Stadt. 1456 begann man mit dem Bau. Der Auftraggeber, der Herzog von Mailand, Francesco Sforza, wollte die medizinische Versorgung zentralisieren und erneuern. Der letzte Bereich des Krankenhauses wurde schließlich erst zu Anfang des 18. Jahrhunderts fertiggestellt. Nach den Luftangriffen im Zweiten Weltkrieg wurde das Gebäude renoviert und erhielt eine neue Bestimmung. Heute ist es das Hauptgebäude der „La Statale", einer der größten Universitäten Mailands.
Via Festa del Perdono 7, Tel. 02503111, Mo–Sa 8.00–18.00 Uhr, Eintritt kostenlos, Metro 1, 3 Duomo, 3 Missori

(36) Der **Torre Velasc**a aus dem Jahr 1958 zählt zu den bekanntesten Gebäuden Mailands. Man findet den 106 Meter hohen Hochhausturm entweder furchtbar oder ist von ihm begeistert. Die ungewöhnliche Form ist dem Platzmangel geschuldet: Um in der engen Straße viel Bürofläche zu schaffen, kragt das Gebäude nach oben hin aus. Dieser Form verdankt das Haus seinen Spitznamen *il fungo* (der Pilz). Dieses Symbol wird gerade renoviert und ist derzeit eingerüstet.
Piazza Velasca 3, nicht für die Öffentlichkeit zugänglich, Metro 3 Missori

9

26

33

35
Get cultured!

12

(37) Die **Basilica dei Santi Apostoli e Nazaro** ist eine der ältesten Basiliken von Mailand und eine der vier Kirchen, die im 4. Jahrhundert nach Christus im Auftrag des Erzbischofs Sant'Ambrogio errichtet wurden. Er wollte zeigen, dass Mailand keine heidnische Stadt war, und ließ an den wichtigsten Zufahrtsstraßen der Stadt eine Kirche bauen. Aufgabe der Basilika war, die Gebeine der Apostel Johannes und Thomas zu bewahren, und daher wurde sie auch Apostelbasilika genannt. Bei einem Brand im Jahr 1075 wurden diese Reliquien jedoch vernichtet.
Piazza San Nazaro in Brolo 5, Tel. 0258307719, Mo–Fr 7.30–12.00 und 15.30–18.30, Sa, So 8.00–12.30 und 15.30–19.00 Uhr, Eintritt gratis, Metro 3 Missori, Crocetta

ESSEN UND TRINKEN

(6) Wer bereit ist, tief in die Tasche zu greifen, für den ist das japanische Restaurant **Nobu** *the place to be*. Die Chance, einem Model oder Filmstar zu begegnen, ist hoch. Man kommt, um gesehen zu werden, denn das Essen ist – wenn auch großartig – sehr teuer. Für die Herren: gepflegte Kleidung ist erwünscht.
Via Gastone Pisoni 1, www.noburestaurants.com/milan, Tel. 0262312645, Mo–Sa 12.30–14.30 und 19.30–23.00, So 19.30–23.30 Uhr, Preis 35 €, Metro 3 Montenapoleone

(8) Das Restaurant **Il Salumaio** („Wurstmacherei": Geschäft, das Fleischwaren anbietet – so eines gibt es hier noch) liegt im selben Palazzo, in dem sich auch das Museo Bagatti Valsecchi befindet. Im Restaurant kannst du die italienische Küche genießen, umgeben von *Locals*, die oft aus der Modebranche stammen. Im Sommer befindet sich im Innenhof eine schöne Außengastronomie. Bewundere hier das schöne Gebäude und erlebe die italienische Atmosphäre.
Via Santo Spirito 10/Via Gesù 5, www.ilsalumaiodimontenapoleone.it, Tel. 0276001123, Mo–Sa 8.00–22.00 Uhr, Preis Zwei-Gänge-Menü mit Wein 40 €, Metro 1 San Babila, 3 Montenapoleone

(11) Dolce & Gabbana und Martini, das sind die beiden Marken, die italienische Tradition mit modernem Stil kombinieren. Deshalb ist es auch nicht erstaunlich, dass sie eine Kooperation eingegangen sind. Neben dem Laden von Dolce & Gabbana kannst du im total black look der **Bar Martini** einen Drink nehmen. Zum Beispiel

einen Martini Gold, einen Cocktail, den Dolce & Gabbana gemeinsam mit Martini erfunden haben. Im Innenhof befindet sich eine schöne Außengastronomie.
Corso Venezia 15, world.dolcegabbana.com/martini/concept, Tel. 0276011154, tgl. 12.00–23.00 Uhr, Preis Cocktail 12 €, Metro 1 San Babila

⑬ Das stilvolle **Cova Monte Napoleone** existiert bereits seit 1817, wurde aber kürzlich renoviert. Du kannst deinen Kaffee an der Bar genießen, wenn du es aber stylisch liebst, besuchst du den Tearoom und gesellst dich zu den schicken Mailänderinnen. Das Cova Monte Napoleone bietet ein großes Sortiment hausgemachter Bonbons und andere Süßigkeiten. Eine Empfehlung sind die Törtchen mit Konditorcreme und wilden Erdbeeren.
Via Montenapoleone 8, www.pasticceriacova.com, Tel. 0276000578, Mo–Sa 7.45–20.30, So 9.00–19.30 Uhr, Preis Kaffee + Gebäck am Tisch 10 €, Metro 1 San Babila

⑳ In der ersten Etage des Palazzo Trussardi kannst du das schicke **Ristorante Trussardi alla Scala** besuchen, eines der besten Restaurants von Mailand. Hier hast du Aussicht auf die schöne Piazza della Scala. Eine Empfehlung ist das Wahlmenü mit sieben Gängen. Im Erdgeschoss liegt das **Café Trussardi**. Hierher kommen Mailänder und Touristen für einen leichten Lunch und den *Aperitivo*.
Piazza della Scala 5, www.trussardiallascala.it, Tel. 0280688201, Mo–Fr 12.00–15.30 und 19.00–23.00, Sa 19.00–23.00 Uhr, Preis 45 €, Wahlmenü 140 €, Metro 1, 3 Duomo

㉔ **Marchesi 1824** ist einer der ältesten, bekanntesten Konditoren Mailands. Das erste Geschäft wurde 1824 eröffnet. Die neueste Filiale ist die in der Galleria Vittorio Emanuele II (in der ersten Etage, über dem Prada-Laden – separater Eingang). Marchesi ist unter anderem für den *Panettone* bekannt, für den Mailänder zur Weihnachtszeit gern Schlange stehen. Wegen des Standorts sind die Preise an der Bar etwas höher als an anderen, die schöne Aussicht ist dafür kostenlos.
Galleria Vittorio Emanuele II, www.pasticceriamarchesi.com, Tel. 0294181710, tgl. 7.30–21.00 Uhr, Preis Kaffee + Croissant am Tisch 10 €, Metro 1, 3 Duomo

㉕ Ende des 19. bzw. Anfang des 20. Jahrhunderts wurde dieses Café regelmäßig von weltberühmten Komponisten wie Verdi und Puccini besucht. Vor Kurzem wurde das **Camparino in Galleria** komplett renoviert, ungefähr 150 Jahre, nachdem Gaspare Campari hier seine Bar eröffnete. In der Bar di Passo kannst

34

24

38
TAMO
MOZZARELLA BAR

du deinen Kaffee ab dem frühen Morgen genießen. Oder du kommst zum Lunch oder auf einen Aperitif in die Sala Spiritello in der ersten Etage, wo du eine schöne Aussicht auf die Piazza del Duomo hast. Wenn du dich nicht entscheiden kannst, nimm den Campari Selz, das Kultgetränk dieses Lokals.
Galleria Vittorio Emanuele II, Ecke Piazza del Duomo 21, www.camparino.com, Tel. 0286464435, Mo 8.30–0.00, Do–Fr 8.30–1.00, Sa 9.00–1.00, So 9.00–22.00 Uhr, Preis Aperitivo 15 €, Metro 1, 3 Duomo

(30) Auch vor den Toren Mailands ist **Luini** berühmt für seine Panzerotti. Das Rezept für den Teig ist ein gut gehütetes Familiengeheimnis. Du musst vielleicht ein bisschen anstehen, dann aber erhältst du einen herrlich gefüllten Brotsnack. Der ideale Ort für einen preiswerten, schnellen Lunch oder den Snack zwischendurch.
Via Santa Radegonda 16, www.luini.it, Tel. 0286461917, Mo–Sa 10.30–19.30 Uhr, Preis Panzerotti 2,50 €, Metro 1, 3 Duomo

(32) Die **Trattoria e Bottiglieria da Pino** ist eines der wenigen Restaurants im Zentrum Mailands, in denen man preiswert essen kann. Auf der täglich wech-

selnden Speisekarte findest du hauptsächlich typische Gerichte der Regionen Lombardei, Piemont und Venetien. Zu jedem Gericht gibt es den passenden Wein. Sicher dir rechtzeitig einen Tisch oder reservier, es ist meistens sehr voll.
Via Cerva 14, Tel. 0276000532, Mo–Sa 12.00–15.00 Uhr, Preis Mittagsmenü 16 €, Metro 1 San Babila

(34) Das **Colibrì** bezeichnet sich als Literaturcafé. Hier nippst du am Cappuccino, liest ein Buch und nimmst dein Mittagessen umrahmt von einer Ausstellung ein. Oder du trinkst einen *Aperitivo*, während eine Band im kleinen Saal im Anbau des Buchladens spielt. Eine herrliche, versteckte Location in einer ruhigen Straße.
Via Laghetto 9/11, www.colibrimilano.it, Tel. 349 401 6961, Mo–Fr 8.30–23.00, Sa 16.00–23.00 Uhr, Preis Aperitivo ab 5 €, Metro 1, 3 Duomo

(38) Die **Tamo mozzarellabar** ist ein hipper Laden, der Mozzarella aller Größen und Sorten bietet, ob „pur" oder verarbeitet in Salaten und Sandwiches. Hier bist du zum Lunch, *Aperitivo* oder einfachen Abendessen richtig.
Via Osti 3, FB tamomozzarellabar, Tel. 0284080479, tgl. 12.00–0.00 Uhr, Preis Panini ab 6 €, Metro 3 Crocetta

SHOPPEN

(4) Liebst du Denim? Dann solltest du die **Dondup Casa Milano** besuchen. Dieser schöne, große Flagship-Store ist derzeit der einzige exklusive Dondup-Shop weltweit. Die Marke ist für Jeans bekannt, entwirft aber auch Kollektionen für Herren, Damen und Kinder.
Via della Spiga 50, www.dondup.com, Tel. 0220242232, tgl. 10.30–19.30 Uhr, Metro 3 Montenapoleone

(5) Für Damen, die sich Prada oder Gucci nicht leisten können, ist **Patrizia Pepe** eine großartige Alternative. Diese italienische Designerin aus Florenz entwirft taffe, aber feminine Bekleidung. Diese Kleidungsstücke kann man jeden Tag tragen, sie zeigen aber auch einen Hauch Glamour.
Via Alessandro Manzoni 38, www.patriziapepe.com, Tel. 0276014477, Mo–Sa 10.00–19.30, So 10.30–19.30 Uhr, Metro 3 Montenapoleone

⑦ Die Schuhmarke **Salvatore Ferragamo** existiert bereits seit den 1920er-Jahren. Ende der 1930er-Jahre erfand dieser bekannte italienische Schuhdesigner den Keilabsatz, der zum totalen Hype wurde. Filmstars wie Judy Garland und Greta Garbo trugen seine Schuhe. Im Geschäft an der Via Monte Napoleone 3 gibt es Damenschuhe und an der Nummer 20 Modelle für Herren.
Via Monte Napoleone 3 & 20, www.ferragamo.com, Tel. 0276000054, Mo–Sa 10.00–19.30, So 11.00–19.00 Uhr, Metro 3 Montenapoleone

⑩ Dass Armani Anzüge entwirft, ist wohlbekannt. Weniger bekannt ist, dass die Marke mit **Armani Casa** eine umfassende Linie von Möbeln und Wohnaccessoires anbietet. Die Mailänder Filiale an der Corso Venezia ist das größte Geschäft von Armani Casa weltweit. Natürlich nicht ganz billig ...
Corso Venezia 14, www.armanicasa.com, Tel. 0276260230, Mo–Sa 10.00–19.00 Uhr, Metro 1 San Babila

⑮ **DoDo** wurde von der bekannten italienischen Schmuckmarke Pomellato lanciert. Mit dieser Schmucklinie engagiert sich Pomellato für den Schutz bedrohter Tierarten. Bei DoDo kannst du einfache Ketten und Armbänder aus (Weiß-) Gold oder Kordel kaufen, die du mit (Weiß-)Goldanhängern oder kleinen Tierbildern schmücken kannst.
Corso Giacomo Matteotti 9, www.dodo.it, Tel. 0249524750, Mo, So 11.00–19.30, Di–Sa 10.00–19.30 Uhr, Metro 1 San Babila

㉒ **K-way** war früher für Regenjacken bekannt, die man aufgerollt in einer Tasche um die Hüfte tragen konnte. Heute steht die Marke für bequeme, wasserabweisende Sommer- und Winterjacken. Viele Modelle können gewendet werden.
Via Ugo Foscolo 8, www.k-way.com, Tel. 0286996389, Mo–Do 10.00–19.30, Fr–Sa 10.00–20.00, So 10.30–20.00 Uhr, Metro 1, 3 Duomo

㉓ Auch wenn du kein Formel-1-Fan bist, regt Ferrari die Fantasie eines jeden an. Im geradlinigen **Ferrari Store** begrüßt dich der Sound der Rennstrecke von Monza. Im Keller kannst du virtuelle Rennen fahren. In den anderen Etagen sind Kleidung, Literatur, Zeitschriften, Modellwagen und andere Must-haves erhältlich.
Via Giovanni Berchet 2, store.ferrari.com, Tel. 0249490815, tgl. 10.00–20.00 Uhr, Metro 1, 3 Duomo

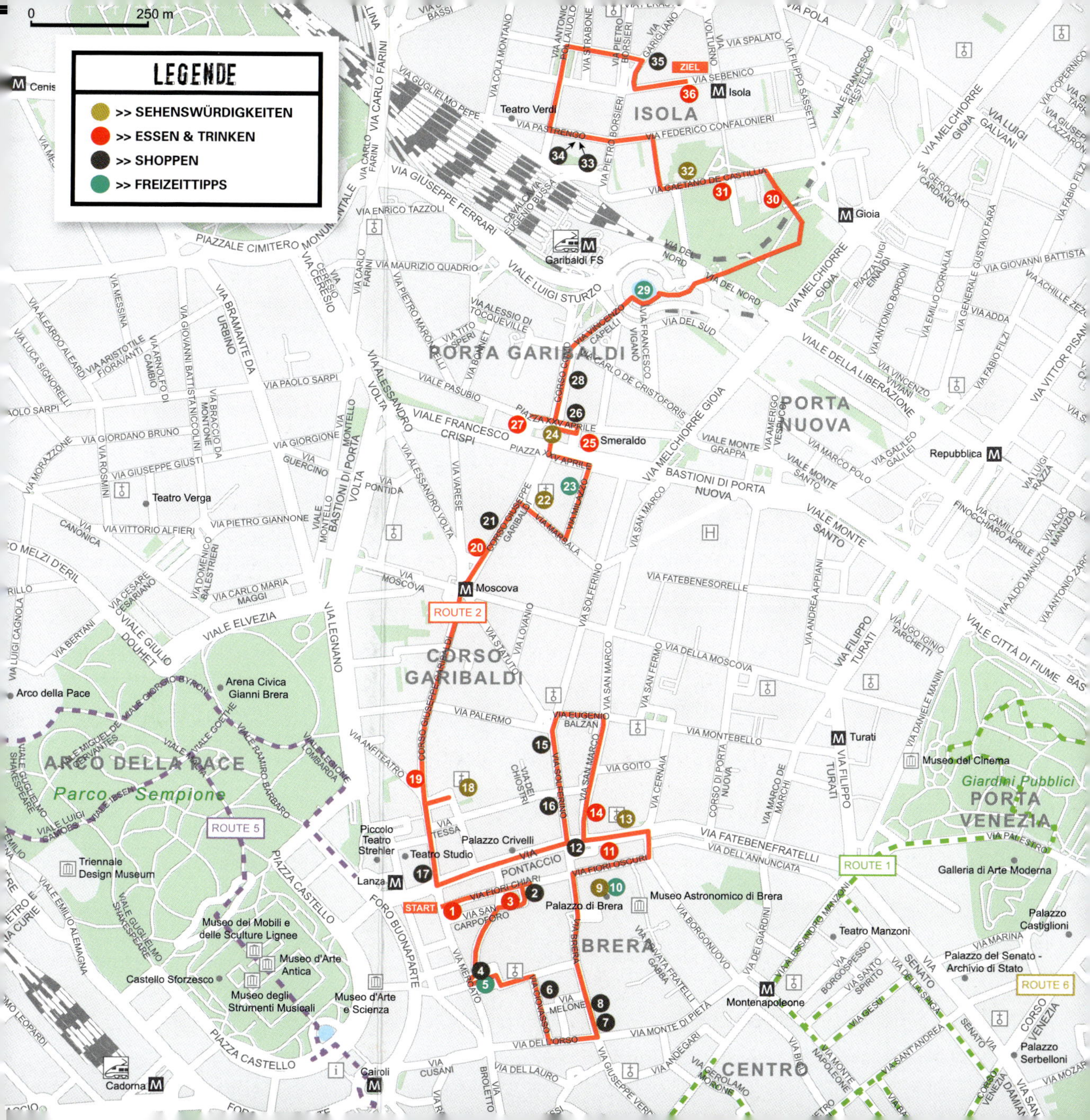
0
250 m
LEGENDE
>> SEHENSWÜRDIGKEITEN
>> ESSEN & TRINKEN
>> SHOPPEN
>> FREIZEITTIPPS
ISOLA
ZIEL
Isola
Teatro Verdi
Garibaldi FS
Gioia
PORTA GARIBALDI
PORTA NUOVA
Repubblica
Smeraldo
Teatro Verga
Moscova
ROUTE 2
CORSO GARIBALDI
Arena Civica Gianni Brera
Arco della Pace
ARCO DELLA PACE
Parco Sempione
ROUTE 5
Triennale Design Museum
Piccolo Teatro Strehler
Teatro Studio
Palazzo Crivelli
Lanza
START
Palazzo di Brera
Museo Astronomico di Brera
BRERA
Turati
Museo del Cinema
Giardini Pubblici
PORTA VENEZIA
ROUTE 1
Galleria di Arte Moderna
Teatro Manzoni
Palazzo Castiglioni
Palazzo del Senato - Archivio di Stato
ROUTE 6
Montenapoleone
Museo dei Mobili e delle Sculture Lignee
Museo d'Arte Antica
Castello Sforzesco
Museo degli Strumenti Musicali
Museo d'Arte e Scienza
Cadorna
Cairoli
CENTRO
Palazzo Serbelloni
VIA POLA
VIALE LUIGI STURZO
VIALE FRANCESCO CRISPI
VIA PAOLO SARPI
VIALE ELVEZIA
VIA LEGNANO
VIA PALERMO
VIA SOLFERINO
VIA SAN MARCO
VIA FATEBENEFRATELLI
VIA FIORI CHIARI
VIA FIORI OSCURI
VIA PONTACCIO
VIA BRERA
VIA DELL'ORSO
VIA MONTE DI PIETÀ
BASTIONI DI PORTA NUOVA
VIA MELCHIORRE GIOIA
VIALE DELLA LIBERAZIONE
VIA DELLA MOSCOVA
VIA FATEBENESORELLE
VIA MONTEBELLO
FORO BUONAPARTE
PIAZZA CASTELLO
VIA FEDERICO CONFALONIERI
VIA GAETANO DE CASTILLIA
VIA DEL NORD
VIA DEL SUD
PIAZZA XXV APRILE
CORSO GARIBALDI
CORSO COMO
VIA SEBENICO
VIA PASTRENGO
VIA GIUSEPPE FERRARI
PIAZZALE CIMITERO MONUMENTALE
VIA MAURIZIO QUADRIO
VIALE PASUBIO
VIA VOLTA
VIA MARSALA
VIA MILAZZO
VIA EUGENIO BALZAN
VIA GOITO
VIA CERNAIA
VIA MANZONI
VIA BORGONUOVO
VIALE MONTE GRAPPA
VIA VITTOR PISANI

und von Besuchern frequentiert wird. Von hier gelangst du in das Viertel **Isola**. Dieser Ortsteil verdankt seinen Namen der ehemals isolierten Lage: an der einen Seite die Schienen und an der anderen der Naviglio Martesana, der Kanal, der mittlerweile zugeschüttet wurde. Jetzt ist es eines der begehrtesten Viertel der Stadt, in dem Start-ups aus dem Boden schießen und die Mailänder den Abend gern in einem der vielen Cafés und Restaurants verbringen.

WENIG ZEIT? DAS SIND DIE HIGHLIGHTS:
PINACOTECA DI BRERA + N'OMBRA DE VIN + EATALY SMERALDO + BOSCO VERTICALE + RATANÀ

TIPPS
// Ideal für Vintage-Fans // Für Liebhaber architektonischer Gegensätze // Außengastronomie-Hopping

BRERA, PORTA GARIBALDI & ISOLA

1 Obicà Brera
2 Il Cirmolo
3 Cinc Brera
4 ASH
5 Wahrsagerinnen
6 Urzì Vintage Store
7 Cavalli e Nastri
8 Rigadritto
9 Pinacoteca di Brera
10 Accademia di Belle Arti di Brera / Orto Botanico
11 Bioesserì
12 Ginori 1735
13 Chiesa di San Marco
14 N'Ombra de Vin
15 Libero
16 Blue Deep
17 Surplus
18 Basilica San Simpliciano
19 Il cannolo
20 Radetzky
21 Buttero
22 Chiesa di Santa Maria Incoronata
23 Anteo spazioCinema
24 Porta Garibaldi
25 Eataly Smeraldo / VIVA
26 Cargo HighTech
27 Princi
28 10 Corso Como
29 Piazza Gae Aulenti / Biblioteca degli Alberi
30 Ratanà
31 Cafe Gorille
32 Bosco Verticale
33 Rapa
34 Small Things
35 Le Vintage
36 Berberè

4

29

5

(29) In einem riesigen Gebäude an der Piazza del Duomo befindet sich das größte Warenhaus von Mailand: **Rinascente**. Hier erhältst du (italienische) Luxusmarken wie Armani, Fiorucci und Save the Duck. Die fünfte Etage ist nach Entwürfen des britischen Architekten David Chipperfield frisch renoviert. Hier gibt es zeitlose Mode für Damen. Das ist dir zu teuer oder zu klassisch? Dann besuch Annex, erreichbar über einen Durchbruch in der zweiten Etage. Einen Kaffee mit Ausblick auf den Duomo kannst du in der Foodhall in der obersten Etage genießen.
Piazza del Duomo/Via Santa Radegonda 3, www.rinascente.it, Tel. 02467711, Mo–Sa 9.30–22.00, So 10.00–21.00 Uhr, Metro 1, 3 Duomo

(31) Brian & Barry ist als Bekleidungsstore mit attraktiven Marken bekannt. **The Brian & Barry Building** ist der Flagship-Store, in dem sich Modeläden unterschiedlicher Marken mit Imbissgelegenheiten abwechseln. Appetit? Besuch die Terrazza12 in der zehnten Etage des Gebäudes. Diese Loungebar im Stil der 1950er-Jahre bietet eine herrliche Aussicht über Mailand.
Via Durini 28, www.thebrianebarrybuilding.it, Tel. 0276005582, Öffnungszeiten siehe Website, Metro 1 San Babila

FREIZEITTIPPS

(1) In den **Giardini Pubblici Indro Montanelli** kannst du den Tag in Ruhe angehen und die Sonne genießen. Die Giardini wurden im englischen Stil angelegt und haben gepflegte Rasenflächen sowie Weiher mit Springbrunnen. Im Park befindet sich u. a. das Naturwissenschaftliche Museum, außerdem werden kleine Events organisiert.

Bastioni di Porta Venezia/Corsa Venezia, tgl. März–April & Okt. 6.30–21.00, Mai 6.30–22.00, Juni–Sept. 6.30–23.30, Nov.–Feb. 6.30–20.00 Uhr, Metro 1 Palestro, 3 Turati

(2) Das **Civico Planetario Ulrico Hoepli** ist das größte und wichtigste Planetarium in Italien. Es wurde vom Mailänder Architekten Piero Portaluppi entworfen. 1930 wurde das Planetarium in Anwesenheit von Benito Mussolini, dem damaligen Führer des faschistischen Systems, und durch Ulrico Hoepli eröffnet. Letzterer war Auftraggeber für den Bau des Komplexes und schenkte ihn Mailand. Mehrmals wöchentlich gibt es Präsentationen, bei denen du alles über das All und Astronomie erfährst.

Corso Venezia 57, lofficina.eu, Tel. 0288463340, Preise und Zeiten siehe Website, Metro 1 Porta Venezia, Palestro

(14) Liebhaber teurer Sportwagen kommen hier voll auf ihre Kosten. Vor allem am Wochenende und in den Ferien wird die **Via Monte Napoleone** zum Boulevard, den begüterte Shopper nicht nur wegen der Mode schätzen, sondern auch, um ihre Fahrzeuge zu zeigen. Dreh eine **Runde** und staun über die Vielzahl teurer Autos, die hier stehen.

Via Monte Napoleone, Metro 1 San Babila

(19) Das **Teatro alla Scala** von 1778 hatte bei seiner Eröffnung den größten Saal auf dem europäischen Festland und bietet laut Experten eine fantastische Akustik. Berühmtheiten wie Maria Callas und der Dirigent Toscanini traten hier auf. Die Einrichtung ist mit rotem Samt ausgeschlagen und mit goldenen Ornamenten verziert. Du solltest rechtzeitig für eine Vorstellung reservieren und korrekte Kleidung tragen. Tickets erhältst du online oder im Ticketshop am Haupteingang. Am Abend der Vorstellung gibt es 30 Prozent Rabatt auf nicht verkaufte Karten.

Piazza della Scala, www.teatroallascala.org, Tel. 0272003744, Zeiten und Preise siehe Website Metro 1, 3 Duomo

ROUTE 2

BRERA, PORTA GARIBALDI & ISOLA

INFOS ZUR ROUTE

Eine Wanderung voller Kontraste, die einen guten Eindruck von der Vielseitigkeit Mailands vermittelt. Du beginnst im ruhigen Viertel Brera, wo du in kleinen Boutiquen shoppen oder Gemälde in der Pinacoteca di Brera bewundern kannst. Nach einer Pause in einem der vielen Cafés geht es weiter auf der Corso Garibaldi, in der sich Gastronomie und Läden abwechseln. Wenn du die Piazza XXV Aprile überquert hast, ist es nur noch ein kleines Stückchen bis zum modernen Viertel um die Porta Garibaldi FS und das gesellige Isola.

DIE VIERTEL

Im Viertel **Brera** stehen herrliche alte Gebäude mit prächtigen Balkonen an schön gepflegten, engen Straßen. Es ist eines der wenigen autofreien Gebiete der Stadt. Der Name Brera stammt vom germanischen Wort Braida: ein weitläufiges, überwuchertes Gebiet. Als Mailand noch von Stadtmauern umgeben war, wurde hier Gemüse angebaut und Vieh gehalten, sodass es frische Lebensmittel gab, sollte die Stadt vom Feind belagert werden. Die ersten Gebäude in diesem Stadtteil waren Kirchen mit Klöstern. Zu den bekanntesten Gebäuden hier zählt der Palazzo Brera, in dem unter anderem die **Pinacoteca di Brera** ihren Sitz hat.

Außerdem ist das Viertel für seine Boutiquen und Möbelläden mit italienischem Design ein Begriff. Komm auch abends einmal her, um die Atmosphäre zu genießen oder in einem der vielen Restaurants in diesem Viertel etwas zu trinken oder zu essen. Die Corso Garibaldi ist die Shoppingmeile, die von Brera zur hektischen Piazza XXV Aprile und zum alten Stadttor **Porta Garibaldi** führt. Die Straße bietet viel Abwechslung zwischen Gastronomie und (bezahlbaren) Läden.

Die **Piazza Gae Aulenti** und der Park **Biblioteca degli Alberi** gehören zu den Ecken in Mailand, die sich aktuell am stärksten entwickeln. Trotz der modernen Architektur ist es eine Gegend voller Atmosphäre, die von den Locals selbst

BESCHREIBUNG ROUTE 2 (ca. 6,1 km)

Starte an der Ecke der Via Mercato und der Via Fiori Chiari, wo du herrlichen Mozzarella essen kannst 1. Bieg in die Via Fiori Chiari ein – du befindest dich jetzt in Brera, einem schönen Viertel mit Antik- und Vintageläden 2. Geh von Il Cirmolo etwas zurück und links in die Via Fromentini hinein 3. Trink einen Kaffee oder spar dir diesen Ort für später am Tag auf. Jetzt geht es links über die Via Madonnina zur Piazza del Carmine 4 5. Geh rechts an der Kirche entlang über die Via del Carmine und rechts in die Via Ciovasso für noch mehr Vintage 6. Am Ende der Straße biegst du links ein und gehst weiter, bis du an der Ampel herauskommst. Bieg links in die Via Brera ein und such nach einem schönen Mitbringsel 7 oder Vintage-Mode 8. Kultur entdeckst du in der Pinacoteca di Brera 9 oder schlendere durch den botanischen Garten 10. Verlass den Palazzo über den Haupteingang und geh rechts in die Via Fiori Oscuri. Hier kannst du die Außengastronomie eines Restaurants schon sehen, das hauptsächlich Bio-Gerichte anbietet. Der Haupteingang liegt in der Via Pontaccio 11. Bei Ginori1735 kannst du handbemaltes Porzellan finden 12. Am abgesenkten Platz an der oberen Seite liegt die Chiesa di San Marco und dahinter eine Weinbar 13 14. Jetzt geht es weiter über die Via San Marco. Am Donnerstag und Samstag ist hier Markt. An der Kreuzung biegst du links in die Via E. Balzan ein. Betrachte den alten Baum und geh dann links in die Via Solferino. Hier kannst du wunderbar shoppen 15 16. Am Ende der Straße nach rechts, bis du an der Corso Garibaldi ankommst. In dieser Straße kannst du an Läden und Gastro entlangschlendern 17 18 19. Überquer die Via della Moscova. Halte dich am Largo la Foppa rechts. Misch dich bei Radetzky 20 unter die Yuppies oder kauf ein Paar Schuhe 21. An der Kirche 22 biegst du rechts in die Via Marsala ein. Am Ende der Via Milazzo gibt es ein schönes Kino 23. Bieg links ab und geh hinüber zur Piazza XXV Aprile 24 25 26 27. Schau dir die Boutiquen an der Corso Como an und vergiss vor allem die Nummer 10 nicht 28. Geh hinüber und nimm die Straße rechts, die schräg nach oben führt (Via V. Capelli), zur Piazza Gae Aulenti 29. Überquer den Platz und geh in den Park hinein. Geh nach links für einen Lunch bei Rantanà 30 oder im Cafe Gorille 31. Staun über das viele Grün an den Bosco Verticale 32. Geh an ihnen vorbei und bieg links in die Via Confalonieri 33 34. Geh rechts in die Via Carmagnola und dann die zweite Straße wieder rechts. Auf dem Platz kannst du Vintage shoppen 35, danach wieder rechts und dann links. In der Via Sebenico kannst du mittags oder abends fantastische Pizza genießen 36.

SEHENSWÜRDIGKEITEN

⑨ Die **Pinacoteca di Brera** beherbergt Meisterwerke der internationalen Kunstgeschichte. Das Institut wurde Anfang des 19. Jahrhunderts durch Napoleon Bonaparte gegründet, der über den Norden des Lands herrschte und hier den Louvre Italiens ansiedeln wollte. Im Museum hängen Gemälde bedeutender italienischer Künstler wie Raffael, Bellini und Caravaggio. Der Eingang zur Pinacoteca befindet sich auf der ersten Etage des riesigen Innenhofs. Hier kannst du dir auch einen Kaffee oder ein schnelles Mittagessen in der Bar **Fernanda** genehmigen.
Via Brera 28, pinacotecabrera.org, Tel. 02722631, Di–So 8.30–19.15, jeden 3. Do. d. Monats 8.30–22.15 Uhr, Preis 15 €, Metro 2 Lanza

⑬ Die **Chiesa di San Marco** stammt aus der Mitte des 13. Jahrhunderts. Die Fassade ist jedoch jünger: 1872 wurde sie nach Entwürfen des Architekten Carlo Maciachini renoviert. Zu dieser Zeit erneuerte er auch die Fassaden von zwei weiteren Kirchen in diesem Viertel. Man erkennt seinen Stil dabei klar. In der Kirche befinden sich einige wichtige Fresken wie z. B. in der ersten Kapelle rechts: *Der Fall des Simon Magus*, zu Ende des 16. Jahrhunderts geschaffen von Giovanni Paolo Lomazzo, der stark von den Arbeiten Da Vincis und Michelangelos beeinflusst war.
Piazza San Marco 2, Tel. 0229002598, tgl. 7.00–12.00 & 16.00–19.00 Uhr, Eintritt gratis, Metro 2 Lanza

⑱ Eine der ältesten Mailänder Kirchen ist die **Basilica San Simpliciano** aus dem Jahr 398. Sie befand sich an einer wichtigen Verbindungsstraße zwischen Mailand und Como. Vom ursprünglichen Gebäude ist nur der weiße Granit des Haupteingangs erhalten geblieben. Im Laufe der Zeit wurde die Kirche vielen Änderungen unterzogen und mehrmals erweitert. Achte in der Kirche vor allem auf die Bleiglasfenster und die Deckenmalereien über dem Altar. Hinter der Kirche liegen zwei große Klostergänge, die für die Öffentlichkeit leider nicht zugänglich sind.
Piazza San Simpliciano 7, www.sansimpliciano.it, Tel. 02862274, Mo–Sa 9.30–11.30 und 15.00–18.00, So 9.30–11.30 und 15.00–19.00 Uhr, Eintritt gratis, Metro 2 Lanza

㉒ Auch wenn die Fassade der **Chiesa di Santa Maria Incoronata** Einheitlichkeit ausstrahlt, wurde sie in zwei Phasen errichtet. Zunächst wurde der linke

13

24

9

GUCCI
#GucciKenScott

Bereich erbaut und Mitte des 15. Jahrhunderts folgte der rechte. Auftraggeber dieser Erweiterung war Herzogin Bianca Maria Visconti, die ihrem Gemahlen, Francesco Sforza beweisen wollte, dass sie ihm ewig treu sein würde. Man sieht sie oben zwischen den beiden Eingangstüren. Liebhaber von Fresken besuchen die Kapelle von Bergognone, in der Jesus Christus auf einer (Wein-) Presse dargestellt ist, ein häufiges Motiv in Italien.

Corso Garibaldi 116, www.parrocchiasantamariaincoronata.it, Tel. 02654855, tgl. 7.30–12.00 und 16.00–19.00 Uhr, Eintritt gratis, Metro 2 Moscova

(24) Die **Porta Garibaldi** stammt aus dem Jahr 1828 und befindet sich am Ende der Corso Garibaldi. Ursprünglich hieß sie Porta Comasina nach der Stadt, zu der die Straße am Tor führte, Como. Erst 1859 erhielt das Stadttor seinen jetzigen Namen. Es ist nach dem Kommandanten Garibaldi benannt, einer wichtigen Persönlichkeit im Rahmen der Vereinigung Italiens. Die riesigen Skulpturen auf dem alten Stadttor sind Personalisierungen der vier wichtigsten Flüsse in der Region Lombardei. Auf dem Platz gibt es regelmäßig Straßenmusik.

Piazza XXV Aprile, Metro 2 Moscova, 2, 5 Garibaldi FS

(32) **Bosco Verticale** (senkrechter Wald) werden diese Zwillingstürme mit Apartments genannt. Die Hochhäuser gehören zu den ersten Gebäuden weltweit mit dieser Begrünung. Auf den verschiedenen Etagen wurden fast 800 Bäume und etwa 20 000 Pflanzen angepflanzt; ein ehrgeiziges Projekt, das mittlerweile in vielen anderen Städten weltweit Nachahmer findet. Auch in Mailand war der Anlass, mehr Grün in die Stadt zu bringen. Die Türme wurden im neuen Viertel Porta Nuova errichtet, das die Altstadt mit dem jetzt beliebten Viertel Isola verbindet.

Via Gaetano de Castillia, nicht für die Öffentlichkeit zugänglich, Metro 2, 5 Garibaldi FS, 5 Isola

ESSEN & TRINKEN

(1) Wenn du vom leckeren italienischen Mozzarella nicht genug kriegen kannst, bist du in der **Obicà Brera Bar** genau richtig. In dieser echten Mozzarella-Bar kannst du verschiedene Sorten Mozzarella di Bufala (Büffelmozzarella) probieren. Abends von 17.00 bis 20.00 Uhr ist dieses Restaurant eine *Aperitivo*-Bar. Dann kannst du allerlei Häppchen mit Mozzarella zum Cocktail genießen. Samstags und sonntags gibt es einen üppigen Brunch.

Via Mercato 28, www.obica.com, Tel. 0286450568, Mo–Do und So 11.30–1.00, Fr–Sa 11.30–2.00 Uhr, Preis Aperitivo 8 €, Metro 2 Lanza, Straßenbahn 4, 12, 14 Via dell'Orso

(3) Zwischen den touristischen Snackangeboten im Viertel Brera gibt es einige Highlights, die vor allem bei den Mailändern populär sind. Dazu zählt das **Cinc**. Direkt um die Ecke der belebten Straßen liegt es im autofreien Viertel. Hier kannst du ein einfaches Mittagessen oder einen Cocktail in aller Ruhe genießen.

Via Marco Formentini 5, www.cincbrera.it, Tel. 0236550257, Mo, So 12.00–1.00, Di–Sa 9.00–1.00 Uhr, Preis Salat 12 €, Metro 2 Lanza, Straßenbahn 4, 12, 14 Via dell'Orso

(11) **Bioesserì** nennt sich eine kleine Restaurantkette in Mailand und Palermo auf Sizilien, die biologische Zutaten verarbeitet. Die Einrichtung dieser Restaurants ist stilvoll und hip. Die Bioesserì ist für ihre leichten, gut verdaulichen Pizzas bekannt, aber auch Pasta und Salat sind einfach lecker!

Via Fratebenefratelli 2, www.bioesseri.it, Tel. 0289071052, tgl. 8.00–0.00 Uhr, Preis Mittagessen 13 €, Metro 2 Lanza

(14) Wenn du Wein liebst, solltest du **N'Ombra de Vin** unbedingt besuchen. Von der Straße aus sieht diese beliebte Weinbar eher klein aus, aber sobald du die Stufen nach unten nimmst, gelangst du in einen Gewölbekeller mit viel Atmosphäre und findest dich inmitten unzähliger Weine wieder. Hier bist du für einen *Aperitivo* richtig und kannst eine Auswahl aus Tausenden Weinen des Sortiments treffen. Du musst nicht unbedingt eine ganze Flasche trinken, es gibt eine umfangreiche Auswahl an offenen Weinen.
Via San Marco 2, www.nombradevin.it, Tel. 026599650, Mo–Sa 10.00–1.00, So 17.00–1.00 Uhr, Preis Aperitivo 10 €, Metro 2 Lanza

(19) **Il Cannolo** wird als einer der gehobeneren Cannolo-Läden von Mailand betrachtet. Auch wenn der *Cannolo* eine sizilianische Spezialität ist, triffst du in Mailand häufig darauf. Das hängt damit zusammen, dass viele Sizilianer für Studium oder Job nach Mailand ziehen. Hier gibt es klassische Cannoli mit Ricotta-Füllung aus Ziegenmilch und Schokostückchen oder Versionen mit Pistazien.
Corso Garibaldi 51/a, www.ilcannolo.com, Tel. 3337167083, Di–Sa 11.00–23.00, So 11.00–20.00 Uhr, Preis Cannolo 3,50 €, Metro 2 Lanza oder Moscova

(20) Wenn du dich gern unter die Mailänder Yuppies mischen möchtest, ist das **Radetzky** der richtige Ort. Tagsüber gibt es hier Sandwiches, am Wochenende wird ein Brunch serviert. Zum *Aperitivo* bekommst du Oliven, Chips und eine *Focaccia*. Auch eine tolle Location, um nach dem Abendessen etwas zu trinken.
Corso Garibaldi 105, FB radetzkymilano, Tel. 026572645, Mo–Mi, So 8.00–1.30, Do–Sa 8.00–2.00 Uhr, Preis Cocktail 10 €, Brunch 25 €, Metro 2 Moscova

(25) Foodlover sollten diese Location nicht verpassen. Eataly ist Delikatessengeschäft, Frischmarkt und Food-Court in einem. Das Konzept startete in Turin, wird aber heute in vielen italienischen Städten umgesetzt. Fast alle angebotenen Produkte stammen aus Italien und viele tragen die Kennzeichnung der internationalen Slow-Food-Organisation, die sich für die Wertschätzung unserer Lebensmittel engagiert. Die Filiale **Eataly Smeraldo** befindet sich in einem ehemaligen Theater. Es gibt drei Etagen, und um ein gastronomisches Dinner zu genießen, solltest du auf jeden Fall das Sternerestaurant **VIVA** in der ersten Etage besuchen.
Piazza XXV Aprile 10, www.eataly.net, Tel. 0249497301, tgl. 8.30–0.00 Uhr, Preis Drei-Gänge-Menü VIVA 45 €, Metro 2, 5 Garibaldi FS

36

11

36
TUTTI I GIORNI
PIZZE CON:
•FARINE BIO MACINATE A PIETRA
•24H DI FERMENTAZIONE CON SOLO PASTA MADRE VIVA
•GUARNITURE STAGIONALI E CUCINATE CON CURA
•8 FETTE DA CONDIVIDERE
BERBERÈ

31

19

19
IL CANNOLO
IL CANNOLO

30

le Miscele Bi
NATURAE
TOSTATURA
NOTE SENSORIALI
CARATTERE
FULL
HALF
SLOW
11

36

(27) **Princi** nennt sich eine kleine Mailänder Bäckereikette. Hier liegt die größte Filiale, die bei den Mitarbeitenden der vielen Büros in diesem Viertel sehr beliebt ist. Princi ist ein guter Ort, wenn du deinen Kaffee mit süßem Gebäck oder zum Sandwich genießen möchtest. Auch die richtige Adresse, um einen *Aperitivo* zu trinken: im Winter drinnen an der gemütlichen Bar, im Sommer auf der Terrasse. An den Wochenenden kannst du hier brunchen. Reservierung empfohlen.

Piazza XXV Aprile 5, www.princi.it, Tel. 0229060832, tgl. 7.00–23.00 Uhr, Preis Espresso 1,10 €, belegte Brötchen ab 8 €, Metro 2 Moscova, 2, 5 Garibaldi FS

(30) Das historische Gebäude, in dem sich das **Ratanà** befindet, bildet einen krassen Gegensatz zu den modernen Bauten im Viertel. In der Woche gibt es ein spezielles Mittagsmenü, das typisch Mailänder Gerichte mit modernem Kick zum fairen Preis bietet. An Sommerabenden sitzt du mit einem *Aperitivo* auf der Terrasse mit Aussicht auf die Bosco Verticale.

Via Gaetano de Castillia 28, www.ratana.it, Tel. 0287128855, tgl. 12.00–14.30 und 19.30–23.30 Uhr, Preis Mittagsmenü 19 €, Metro 2, 5 Garibaldi FS

(31) Das **Café Gorille** ist ein hippes Bistro, in dem du von morgens bis spät abends Frühstück, Mittagessen, *Aperitivo* und Dinner genießen kannst. Es liegt im einzigen noch übrig gebliebenen Casa di Ringhiera (einem typisch Mailänder Laubenganghaus) und direkt unterhalb der berühmten Bosco Verticale. Alles, was hier angeboten wird, ist lecker. Das Mittagsmenü wechselt täglich.

Via Gaetano de Castillia 20, www.cafegorille.it, Tel. 026887627, Mo–Do, So 8.00–0.00, Fr–Sa 8.00–1.00 Uhr, Preis Espresso 1 €, Aperitivo ab 6 €, Metro 2 Garibaldi FS, 2 Gioia

(36) Die verschiedenen Restaurants von **Berberè** sind nach einem einheitlichen Konzept eingerichtet, haben jedoch jeweils einen eigenen Charakter. Das Gesamtkonzept der Minikette besteht in einem Hipster-Style on the top, der sich in der Einrichtung bis zur originellen Zusammenstellung der Pizzazutaten zeigt. Die Auswahl auf der Karte ist übersichtlich und im Gegensatz zu üblichen Pizzerias saisonal ausgerichtet. Außerdem tragen viele Zutaten die Slow-Food-Kennzeichnung oder sind biologisch angebaut.

Via Sebenico 21, www.berberepizza.it, Tel. 0236707820, Mo–Fr 12.30–14.30 und 19.00–23.30, Sa–So 12.30–15.00 und 19.00–23.30 Uhr, Preis Pizza 10 €, Metro 2, 5 Garibaldi FS, 2 Gioia, 5 Isola

SHOPPEN

② **Il Cirmolo** ist der größte Antikladen von Brera. Hier gibt es von allem und jedem ein bisschen. Vom Riesenangebot an femininen Wohnaccessoires bis zu Teeservices, Disneyfiguren und Retro-Reklametafeln.
Via Fiori Chiari 3, ilcirmolo.it, Tel. 028052885, Mo 15.00–19-00, Di–Sa 10.00–19.00 Uhr, Metro 2 Lanza

④ Für robuste italienische Stiefel bist du bei **ASH** an der richtigen Adresse. Hier gibt es ein großes Angebot an Schuhen und Stiefeln, die dem neuesten Trend folgen und vom Design her einzigartig sind. Diese Marke ist bei Italienern sehr populär und wenn du darauf achtest, entdeckst du viele Mailänder, die sie tragen.
Via Madonnina 2, www.ash.com, Tel. 0272094198, Mo–Sa 10.30–13.30 und 14.30–19.30, So 15.00–19.00 Uhr, Metro 1 Cairoli, 2 Lanza, Straßenbahn 4, 12, 14 Via dell'Orso

⑥ **Urzì Vintage** wurde von Fabio (Architekt) und Lisa (Fotografin) gegründet, beide mit großer Liebe für die Kunst aufgewachsen. Diese Liebe teilen sie mit dem Rest der Welt durch diesen Laden, versteckt gelegen in einer wenig bekannten Straße im Viertel Brera. Hier gibt es fantastische Vintage-Bekleidung und Accessoires, oft durch Lisa und Fabio beim ersten Besitzer der Stücke selbst abgeholt.
Via Ciovasso 6, FB urzivintage, Tel. 3899796657, Mo 15.30–19.00, Di–Fr 10.30–14.30 und 15.30–19.00, Sa 12.00–19.00 Uhr, Metro 1 Cairoli, 2 Lanza, Straßenbahn 4, 12, 14 Via dell'Orso

⑦ Der Vintage-Laden **Cavalli e Nastri** verkauft Damenkleidung und Accessoires von 1930 bis heute. Das Geschäft ist beliebt, weil alte und neue Designs bekannter Marken wie Dior und Chanel angeboten werden. Einfach hinein mit dir, wenn du ein Retrostück oder -schmuck suchst. Cavalli e Nastri führen noch zwei Läden in der Via Giovanni Mora, Nummer 3 (Herren) und 12 (Damen und Vintage).
Via Brera 2, www.cavallienastri.com, Tel. 0272000449, Mo–Sa 10.30–19.30, So 12.00–19.30 Uhr, Metro 3 Montenapoleone

⑧ **Rigadritto** ist eine moderne Version der Cartoleria, eines Schreibwarenladens. Du wirst über die originellen Produkte staunen, die hier verkauft werden, wunderschöne Ansichts- und Glückwunschkarten, Stifte und anderer Nippes. Jedes

2
BEVETE
Coca-Cola

17

6

Objekt wurde mit Sorgfalt ausgesucht. Angebot und Einrichtung werden mindestens einmal wöchentlich verändert, also gerne mehrmals wiederkommen!
Via Brera 6, Insta@rigadrittostore, Tel. 0280582936, Mo–Sa 10.30–19.30, So 11.00–19.00 Uhr, Metro 3 Montenapoleone

(12) Bei **Ginori 1735** wird seit fast 300 Jahren Keramik hergestellt. Das Unternehmen entstand Ende des 19. Jahrhunderts durch eine Fusion der Manifattura di Doccia (aus der Region Le Marche) und dem Mailänder Betrieb Società Ceramica Richard. Das Unternehmen ging zu Zeiten an die Börse, in denen die Wirtschaft der Stadt boomte und andere, jetzt international bekannte Firmen in Mailand gegründet wurden. Das Geschirr im Laden ist ausschließlich handbemalt und deshalb hängen auch ernst zunehmende Preisschilder daran.
Piazza San Marco 3, www.ginori1735.com, Tel. 0289011646, Mo–Sa 10.00–19.00, So 11.00–19.00 Uhr, Metro 2 Lanza, Straßenbahn 2, 4, 12, 14 Lanza

(15) Dieses Geschäft für Damen- und Herrenmode verdankt seinen Namen dem Motto: „Wir liberalisieren den Luxus!". **Libero** verkauft hippe, aber dennoch klassi-

sche Freizeitkleidung. Extreme Modetrends werden hier nicht berücksichtigt, du findest aber schicke Anzüge mit passenden Krawatten, Kleider und Taschen zum guten Preis-Leistungs-Verhältnis. Das Geschäft ist für die Verarbeitung von Qualitätsstoffen und Wolle bekannt, sodass du an jedem Kauf lange Freude hast.
Via Solferino 11, www.liberomilano.it, Tel. 0272004200, Mo 15.30–19.00, Di–So 10.30–14.30 und 15.30–19.00 Uhr, Metro 2 Lanza, Moscova

(16) Schöne, einfache Bekleidung, also „Basics" ... Wenn du bei **Blue Deep** shoppen gehst und das deinem Geschmack entspricht, findest du garantiert eine Reihe Kleidungsstücke, die gut mit anderen in deinem Kleiderschrank kombinierbar sind. Der Laden ist schön großzügig gestaltet. Regelmäßig werden kleine Ausstellungen mit Werken Mailänder Künstler organisiert.
Via Solferino 5, www.bluedeepstore.com, Tel. 02876702, Mo 11.00–19.30, Di–Sa 10.30–19.30, So 15.00–19-00 Uhr, Metro 2 Moscova, Lanza

(17) **Surplus** ist ein kleines Modegeschäft mit bezahlbaren Basics der Marke Scout. Die Neonbeleuchtung der Schaufenster gibt die Atmosphäre des Ladens bereits gut wieder. Das Sortiment ist beschränkt, aber gut ausgewählt. Hier gibt es auch passende Accessoires wie Tassen, Socken, Gürtel und Schals. Im hinteren Bereich findest du eine Auswahl an Vintage-Items, die gut mit dem neuen Angebot kombinierbar sind.
Corso Garibaldi 7, FB Surplus Milano, Tel. 028693696, Mo 15.00–19.30, Di–Sa 10.00–19-30, So 15.00–19.30 Uhr, Metro 2 Lanza, Straßenbahn 2, 4, 12, 14 Lanza

(21) **Buttero** verkauft sündhaft teure, handgefertigte Damen- und Herrenschuhe aus der Toskana. Stylist Mauro Sani hat sich hier eindeutig von Western beeinflussen lassen. Neben klassischen Schuhen und Stiefeln wird nämlich auch eine Auswahl aus der Equitazione-Kollektion, Westernstiefel, angeboten. Um das Ganze abzurunden, kannst du dazu passende Taschen und Gürtel kaufen.
Corso Garibaldi 113, www.buttero.it, Tel. 0262086657, Mo–Sa 10.30–19.30 Uhr, Metro 2 Moscova

(26) **Cargo HighTech** ist ein labyrinthartiger Laden in einer ehemaligen Tintenfabrik der italienischen Tageszeitung *Il Corriere della Sera*. Hier kannst du in allen Räumen und Etagen, jeweils mit eigenem Sortiment, wunderbare Streifzüge

unternehmen. Es gibt es alles, was du für die Wohnung (nicht) brauchst, von Notizbüchern bis zu Rasierspiegeln, von Duftkerzen bis zu Regenstiefeln.
Piazza XXV Aprile 12, www.cargomilano.it, Tel. 026241101, Mo 13.30–19.30, Di–So 10.00–19.30 Uhr, Metro 2, 5 Garibaldi FS

(28) Wenn du nicht direkt auf der Suche nach dieser Adresse bist, besteht die Gefahr, dass du am **10 Corso Como** vorbeiläufst. Einmal im Innenhof angelangt staunst du über die industrielle, aber stilvolle Umgebung voller Grün. Im Erdgeschoss findest du (teure) Kleidung, Schuhe und ein Restaurant. Im Obergeschoss gibt es einen Buchladen mit einer umfassenden Kollektion von Architektur-, Kunst- und Fotografiebüchern. Auf derselben Etage liegt eine Galerie mit regelmäßigen kostenlosen Fotoausstellungen.
Corso Como 10, www.10corsocomo.com, Tel. 0229002674, tgl. 10.30–1.00 Uhr, Metro 2, 5 Garibaldi FS

(33) **Rapa** ist Modemarke und Laden in einem, die bequeme, aber elegante Kleidung fertigt. Hier findest du Damenmode und eine Kollektion für Kinder von 0 bis 12 Jahren. Außerdem wird bei Rapa auch Schmuck angeboten, der perfekt zum Stil des restlichen Angebots passt. Die Kollektionen sind ausschließlich hier im Laden und online erhältlich, wenn du hier also etwas erwirbst, kannst du ziemlich sicher sein, etwas Einzigartiges mit nach Hause zu nehmen.
Via Pastrengo 5a, www.rapa-store.com, Tel. 0223167868, Di–Fr 10.30–14.30 und 15.30–19.30, Sa 11.00–19.00 Uhr, Metro 2 Garibaldi FS

(34) Die Boutique **Small Things** führt ein farbenfrohes Angebot an Damenmode, Schuhen und Accessoires. Hier hast du die Auswahl aus einem umfassenden Sortiment origineller Kleidung, Schuhe und Badekleidung. Die Mode ist im Allgemeinen aus farbenfrohen Stoffen mit fantasievollen Motiven gefertigt.
Via Pastrengo 7, www.smallthingsmilano.com, Tel. 03387012119, Di–Sa 10.30–14.30 und 16.00–19.30 Uhr, Metro 2, 5 Garibaldi FS

(35) **Le Vintage** präsentiert sich selbst als „Boutique von Kopf bis Fuß". Hier gibt es Kleidung und passende Schuhe sowie Accessoires, um deinen Look perfekt zu machen. Das Angebot variiert von Vintage und Chic bis zu Streetwear. Die Einrichtung präsentiert sich extrem farbenfroh – genau wie die Produkte, die

ihre Fabriken. Aber in den 1990er-Jahren waren die Gebäude verlassen, erste Veranstaltungen wurden organisiert und etwas später die Fuorisalone. Noch unbekannte Designer organisierten hier beim jährlichen Salone del Mobile eine alternative Möbelmesse. Mittlerweile wurde das Viertel aufgehübscht, viele Modehäuser und Modelagenturen haben wie auch einige Museen hier ihren Sitz und es besteht umfassend Möglichkeit zum Shoppen und für Gastronomiebesuche.

WENIG ZEIT? DAS SIND DIE HIGHLIGHTS:
BASILICA DI SANT'EUSTORGIO + WANDGEMÄLDE ALDA MERINI + MAG CAFÈ + ARMANI SILOS + TANNICO

TIPPS

// In der Sonne ein gutes Mittagsessen mit Blick auf Passanten genießen
// Alles für Antikliebhaber
// Route mit vielen guten Gelegenheiten zum Essen

NAVIGLI & TORTONA

1 Guendalina
2 Parco delle Basiliche
3 Basilica di Sant'Eustorgio
4 Mercato coperto della Darsena
5 labcorsosangottardo3
6 Innenhöfe Corso San Gottardo
7 Wandgemälde & Museumswohnung Alda Merini
8 Rinomata Gelateria
9 Antikmarkt
10 Backdoor 43
11 Mag Cafè
12 Al Pont de Ferr
13 Nipper
14 Ecliss
15 Fiera di Sinigaglia
16 Centro dell'Incisione
17 Asso di Fiori
18 Vicolo dei Lavandai
19 El Brellin
20 28 posti
21 Salvatore + Marie
22 Mafalda 86
23 Morna
24 God Save the Food
25 Armani Silos
26 BASE / casaBASE
27 Mudec - Museo delle Culture
28 The Botanical Club Tortona
29 Cinema Mexico
30 Al Fresco
31 La Tradizionale
32 La Baita del Formaggio
33 Piscina Solari
34 PaninoLAB Tortona district
35 Green Fingers Market
36 Tannico Wine Bar

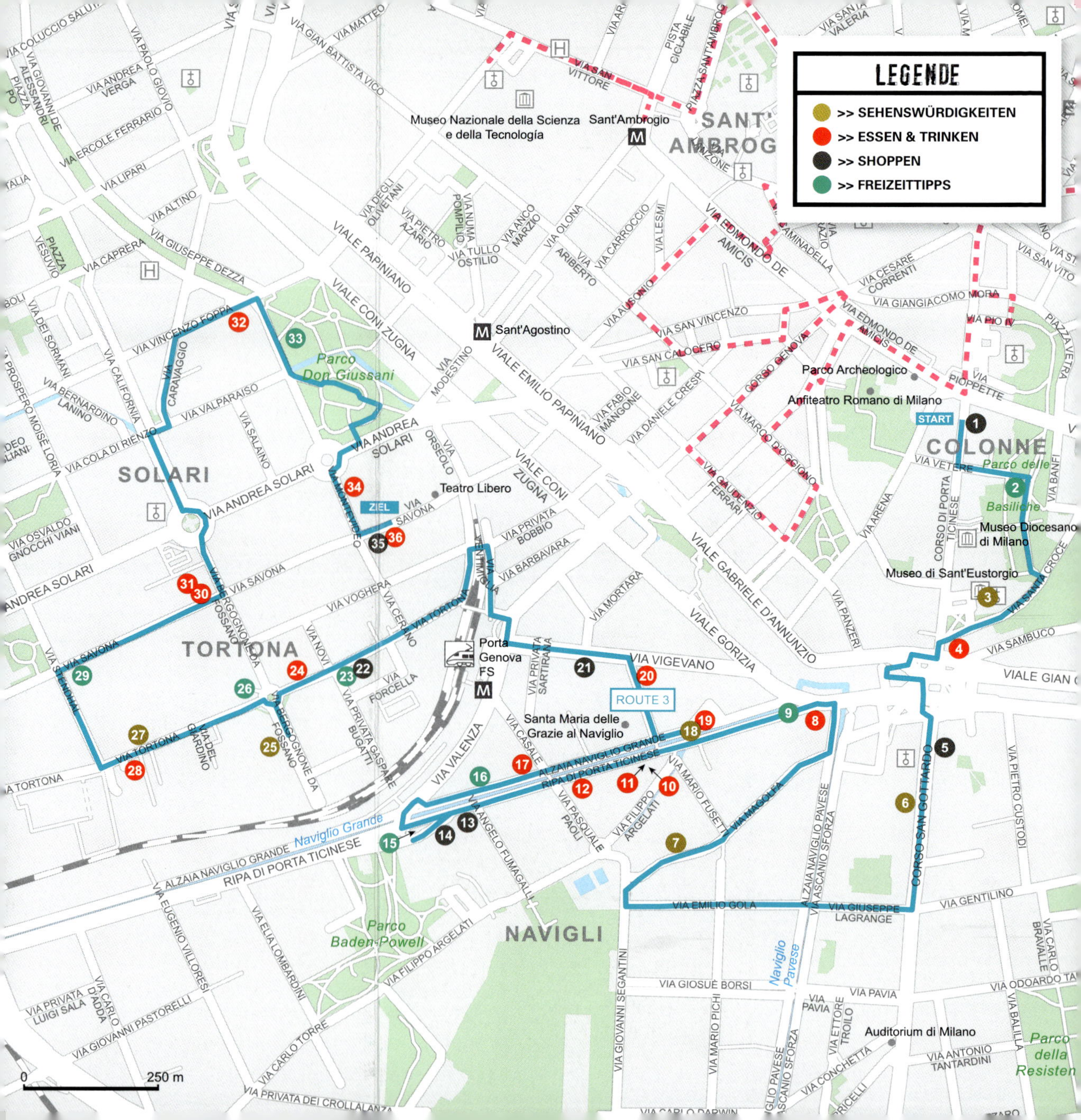
LEGENDE
>> SEHENSWÜRDIGKEITEN
>> ESSEN & TRINKEN
>> SHOPPEN
>> FREIZEITTIPPS
START
ZIEL
ROUTE 3
SOLARI
TORTONA
NAVIGLI
COLONNE
Parco Don Giussani
Parco delle Basiliche
Parco Baden-Powell
Parco Archeologico
Anfiteatro Romano di Milano
Museo Nazionale della Scienza e della Tecnología
Sant'Ambrogio
Sant'Agostino
Teatro Libero
Porta Genova FS
Santa Maria delle Grazie al Naviglio
Museo Diocesano di Milano
Museo di Sant'Eustorgio
Auditorium di Milano
Naviglio Grande
Naviglio Pavese
VIA ANDREA SOLARI
VIA SAVONA
VIA TORTONA
VIA VIGEVANO
ALZAIA NAVIGLIO GRANDE
RIPA DI PORTA TICINESE
VIA EMILIO GOLA
VIA GIUSEPPE LAGRANGE
CORSO SAN GOTTARDO
VIALE PAPINIANO
VIALE GABRIELE D'ANNUNZIO
0
250 m

BESCHREIBUNG ROUTE 3 (ca. 7,6 km)

Beginn deine Tour in der Mitte der Corso di Porta Ticinese 1. Lauf auf der Via Vetere zum Parco delle Basiliche 2. Spaziere durch den Park und halte dich rechts. Du kommst an der Basilica di Sant'Eustorgio 3 heraus. Überquer die verkehrsreiche Straße und geh an der Piazza XXIV Maggio nach rechts. Besuch den Markt 4. Geh hinüber zur Corso San Gottardo. Früher wurde hier Käse gemacht, jetzt kannst du shoppen 5 6. Bieg rechts in die Via Guiseppe Lagrange ein und überquer die Brücke. Schau dir auch die Streetart unter der Brücke an. Geh weiter auf der Via E. Gola. Am Ende rechts und in die Via Magolfa 7. Weiter geht es bis zum Kanal, dort links bis zum Naviglio Grande. Halte dich links, wenn du ein Eis möchtest 8, und schau dich sonntags auf dem Antikmarkt um 9. Ein Stückchen weiter kannst du wunderbar essen gehen 10 11 12. Du kommst an einigen Einrichtungsläden vorbei 13 14. Samstags findet hier die Fiera di Sinigallia statt, ein Flohmarkt, auf dem du alles Mögliche kaufen kannst 15. Überquer die Brücke und geh am anderen Ende in die Alzaia Naviglio Grande. Jetzt gehst du an der oberen Kanalseite entlang, in die Gegenrichtung von vorhin. Kauf dir ein Souvenir oder besuch eine der vielen Außengastronomien 16 17. Neben dem ehemaligen Waschplatz 18 liegen eine gute Cocktailbar und ein Restaurant 19. Geh ein Stück zurück und bieg in die Via Corsico ein. Reservier einen Tisch bei 28posti 20. Geh nach links und besuch Salvatore+Marie 21, dann weiter bis zum Bahnhofsplatz. Halte dich rechts, über die Via Ventimiglia. Überquer den ebenerdigen Bahnübergang und bieg links in die Via Tortona ein. Dieses ehemalige Industriegebiet ist jetzt der Hotspot für Fashion- und Design-Liebhaber. Hier kannst du gut shoppen 22 oder Bocce spielen 23. Leg bei God Save the Food 24 eine Pause ein. Am Kreisverkehr links für einen Besuch der Armani Silos 25. Jetzt wieder zurück, statte BASE und dem Bistro einen Besuch ab 26. Die Route führt weiter zum Mudec 27. Gönn dir einen Cocktail 28 und bieg dann in die Via Stendhal ein. Weiter geht es rechts an der Via Savona zum Kino 29. An der Kreuzung befindet sich ein gutes Restaurant mit einem herrlichen Garten 30. Für leckere Pizza biegst du links in die Via Bergognone ein 31. Setz deine Tour entlang dieser Straße fort. Bieg rechts in die Via Valparaiso ein, dann links in die Via del Caravaggio, wo du italienischen Käse 32 kaufen kannst. Nach einem Stopp im Schwimmbad 33 oder einem Spaziergang im Park gehst du in die Via Montevideo. Bestell ein belegtes Brötchen 34, kauf grüne Mitbringsel für zu Hause 35 und beschließ den Tag mit einem schönen Glas Wein 36.

SEHENSWÜRDIGKEITEN

③ Die **Basilica di Sant'Eustorgio** geht auf die Mitte des 4. Jahrhunderts zurück. Der römische Kaiser Konstans I. schenkte dem Erzbischof Sant'Eustorgio einen Sarg mit den Gebeinen der Heiligen Drei Könige. Die Ochsen waren jedoch von der langen Reise, die in Konstantinopel begann, erschöpft. Vor den Stadtmauern brachen sie zusammen, worauf der Erzbischof beschloss, an dieser Stelle eine neue Kirche zu errichten. Im Laufe der Jahrhunderte wurde ein großer Teil dieser Reliquien in anderen Kirchen verbracht. Der Sarg ist jedoch noch vorhanden und kann besichtigt werden. Hinter dem Altar wurden Reste einer älteren Kirche freigelegt.

Piazza Sant'Eustorgio 1, www.santeustorgio.it, Tel. 0286623321, tgl. 7.30–12.00 und 15.30–18.30 Uhr, Eintritt gratis, Straßenbahn 3 S. Eustorgio

⑥ In den **Innenhöfen** der Häuser an der **Corso San Gottardo** 12, 14 und 16 wurde früher Käse hergestellt. Das Viertel trägt im Mailänder Dialekt deshalb auch den Spitznamen El burg dè formagiatt. Die Milch kam mit Booten aus den landwirtschaftlichen Gebieten südlich von Mailand über den Kanal Naviglio Pavese, der sich hinter dieser Straße befindet, ins Viertel. Durch die Verarbeitung der Milch an diesem Ort wurde die Entrichtung von Steuern auf die Ware vermieden, da die Produkte außerhalb des großen Stadttors an der Piazza XXIV Maggio blieben.

Corso San Gottardo 12, Eintritt gratis, Straßenbahn 3 Piazza XXIV Maggio

⑦ In diesem Viertel findest du verschiedene Wandmalereien. Zu den bekanntesten gehört das **Wandgemälde** neben dem **Alda-Merini-Museum**. Es wurde zum Andenken an die 2009 verstorbene Mailänder Poetin geschaffen. Ihre Gedichte gelten als fesselnd und intensiv. *L'altra verità. Diario di una diversa* ist eines ihrer gefeierten Werke. In einem ehemaligen Tabakladen befindet sich das Museum, in dessen erster Etage Schlaf- und Arbeitszimmer von Merini eingerichtet sind. Im Erdgeschoss werden Aktivitäten rund um Poesie organisiert. Das Wandbild wurde 2016 von vier Mailänder Streetart-Künstlern, Mork, Giorgio, Ratzo und Flood, realisiert.

Via Magolfa 32, Tel. 0283969921, Museumswohnung Mo–Fr 15.00–18.00 Uhr, Wandbild jederzeit zu besichtigen, Straßenbahn 3 Via Lagrange

3

ho Provato
A piangere
Con le mani.

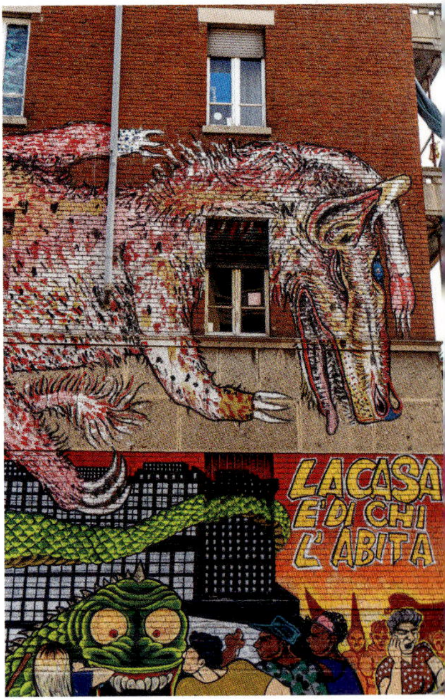
LA CASA
È DI CHI
L'ABITA

⑱ Die **Vicolo dei Lavandai** war im 15. Jahrhundert eine Wäscherinnengasse. Frauen erledigten hier die Wäsche im schmalen Wasserstrom, der aus dem Naviglio Grande strömt. Die alten Buden mit Holzdächern, in denen die saubere Wäsche aufgehängt wurde, sind erhalten geblieben. In den Häuschen dieser engen Straße leben jetzt Künstler. Regelmäßig werden Ausstellungen veranstaltet.
Vicolo Dei Lavandai, Metro 2 Porta Genova fs, Straßenbahn 3 Piazza XXIV Maggio

㉕ In den **Armani Silos** befinden sich Ausstellungsräume, die 2015 anlässlich des 40. Jubiläums der Karriere von Giorgio Armani eröffnet wurden. Im Erdgeschoss werden wechselnde Fotoausstellungen mit Werken international bekannter Fotografinnen und Fotografen präsentiert. In den anderen Etagen werden Ausstellungen mit (historischen) Armani-Kollektionen gezeigt.
Via Bergognone 40, www.armanisilos.com, Tel. 0291630010, Mi–So 11.00–19.00 Uhr, Eintritt 12 €, Metro 2 Porta Genova FS, Straßenbahn 14 Via Stendhal

㉗ Das **Mudec, Museo delle Culture**, ist ein relativ neues Museum aus dem Jahr 2015, in dem verschiedene Weltkulturen die Hauptrolle spielen. Die wechselnden Ausstellungen und die ständige Sammlung sind so ausgerichtet, dass auch Kinder Spaß haben und Erfahrungen sammeln können. Im Komplex befinden sich auch eine Bibliothek und ein Studienzentrum für ethnologische und anthropologische Geschichte außereuropäischer Künste. Der Eingangsbereich wurde vom britischen Architekten David Chipperfield gestaltet.
Via Tortona 56, www.mudec.it, Tel. 0254917, Preise und Öffnungszeiten siehe Website, Metro 2 Porta Genova fs, Straßenbahn 14 Via Stendhal

ESSEN & TRINKEN

④ Nach einem Umbau ist der **Mercato coperto della Darsena** ein schöner Ort geworden, um Speisen und Getränke zu kaufen. Traditionelle Stände, an denen die (älteren) Mailänder ihre Einkäufe erledigen, wechseln sich mit Metzgern, Bäckern, Käsebauern und Bars ab. Durch die Aussicht auf den *Darsena* (Hafen) ein herrlicher Ort für Kaffee, Mittagessen oder den *Aperitivo* bei Sonnenuntergang.
Piazza XXIV Maggio 14, wechselnde Öffnungszeiten,
Straßenbahn 3 Piazza XXIV Maggio

(8) In der **Rinomata Gelateria** kannst du hausgemachtes Eis genießen. Diese Eisdiele existiert schon seit den 1950er-Jahren und ist berühmt für ihre Marron Glacé (kandierte Kastanien). Eine Institution, vor der die Mailänder gern Schlange stehen, auch wegen der günstigen Lage direkt am Wasser.

Ripa di Porta Ticinese 1 (Ecke Viale Gorizia), Tel. 0258113877, tgl. 13.00–1.00 Uhr (im Winter geschlossen), Preis Eis 2,50 €, Metro 2 Porta Genova FS, Straßenbahn 3, 9 XXIV Maggio

(10) Das **Backdoor 43**, eine Initiative der Besitzer des benachbarten Mag Cafè, ist eine Mini-Cocktailbar, die kleinste Bar der Welt mit Platz für nur vier Personen. Cocktailliebhaber, die (leider) keinen Platz mehr bekommen, dürfen ihren Drink mitnehmen. Damit flanierst du dann an den Navigli, genießt die romantische Beleuchtung und das gemütliche Flair dieser Gegend.

Ripa di Porta Ticinese 43, backdoor43.superbexperience.com, Tel. 3409628890, Mo–So 19.30–3.00 Uhr, Preis Cocktail 15 €, Metro 2 Porta Genova

(11) Das **Mag Cafè** erinnert an ein Pariser Bistro. Nicht ganz verkehrt, da die beiden Besitzer Franzosen sind. Die diskrete Beleuchtung, das dunkle Holzmobiliar, die kompakten Räume und das gemischte Publikum sorgen für eine gemütliche Atmosphäre. Schön zum Frühstücken, Mittagessen oder für einen Kaffee. Zum Aperitif stehen teils überraschende Cocktails zur Verfügung, viele davon vom Bartender selbst entwickelt. Zum Drink gibts abends einen Teller *Salumi* und Käse.

Ripa di Porta Ticinese 43, FB magcafemilano, Tel. 0239562875, tgl. 7.30–2.00 Uhr, Preis Glas Wein 5 €, Metro 2 Porta Genova FS, Straßenbahn 2 Valenza-Alzaia Nav. Grande

(12) Am Kanal kannst du bei **Al Pont de Ferr** fantastisch essen. Diese kleine Osteria hat einen ganz eigenen Charakter. Im Inneren befinden sich drei stimmungsvolle Räume und du kannst dem Chef über die Schulter schauen. Die Tagesmenüs werden mit Gemüsen der Saison kreiert. Auf der Karte findest du insbesondere Gerichte der norditalienischen Küche, aber mit einem Kick. Man zahlt etwas mehr als in anderen Restaurants am Naviglio, die Qualität der Gerichte ist aber auch dementsprechend.

Ripa di Porta Ticinese 55, www.pontdeferr.it, Tel. 0289406277, Mo–Fr 12.30–15.00 und 19.30–23.00, Sa–So 12.00–23.00 Uhr, Preis 25 €, Metro 2 Porta Genova FS, Straßenbahn 2 Valenza-Alzaia Nav. Grande

11

19

8
COCCO
FRAGOLA
LIMONE
BANANA

24

32

⑰ In Italien werden unzählige Sorten Käse hergestellt. Wenn du einige davon probieren möchtest, solltest du **Asso di Fiori** besuchen, *l'osteria dei formaggi*. Hier gibt es viele Gerichte und Menüs, für die verschiedene italienische Käse verarbeitet wurden. Nimm zum Beispiel ein Pastagericht mit einem kräftigen Käse und Lakritze. Gönn dir zum Abschluss ein Eis mit dem Aroma von Parmesankäse.
Alzaia Naviglio Grande 54, www.assodifiori.com, Tel. 0289409415, Mo–Fr 19.30–23.30, Sa 12.00–15.00 und 19.30–23.30, So 12.00–15.00 Uhr, Preis 20 €, Menü 45 €, Metro 2 Porta Genova FS

⑲ Hier befand sich früher eine Drogerie, in der Seife an die Frauen verkauft wurde, die zum Waschen in die Waschgasse *(Vicolo dei Lavandai)* um die Ecke kamen. Bei **El Brellin** fühlst du dich durch die Inneneinrichtung, Möbel und den Kamin fast in frühere Zeiten versetzt. Heute kannst du hier im Restaurant ausgezeichnet essen. Oder trink einen Cocktail und genieß die dazu servierten Häppchen.
Alzaia Naviglio Grande 14, www.brellin.com, Tel. 0258101351, Restaurant tgl. 12.30–15.00 und 19.30–1.00 Uhr, Öffnungszeiten Bar siehe Website, Preis Cocktail 10 €, Metro 2 Porta Genova FS, Straßenbahn 3 Piazza XXIV Maggio

(20) Ein Bistro mit 28 Plätzen, daher der Name **28 posti**. Das Restaurant hat durch sein kleines Format und die Verwendung natürlicher Materialien eine intime Atmosphäre. Die vom Chef Marco Ambrosino zubereiteten Gerichte sind fantastisch. Möbel und Einrichtung des 28 posti stammen aus der „Möbelfabrik" des Gefängnisses von Bollate am Stadtrand von Mailand.

Via Corsico 1, www.28posti.org, Tel. 028392377, Di. 20.00–23.00, Mi–So 12.30–14.30 und 20.00–23.00 Uhr, Preis Drei-Gänge-Menü 35 €, Fünf-Gänge-Menü 60 €, Metro 2 Porta Genova FS

(24) Bei **God Save the Food** kannst du vom Frühstück bis zum Abendessen Leckeres genießen. Der schöne, geradlinig eingerichtete Laden ist für eine große Auswahl Smoothies und Wokgerichte bekannt. Vorne befindet sich eine Kaffeebar. Mittlerweile gibt es vier Filialen, eine weitere in Brera, in Dateo und im Keller des Warenhauses Rinscente (Centro).

Via Tortona 34, godsavethefood.it, Tel. 028942806, Mo–Sa 7.30–23.30, So 11.00–23.00 Uhr, Preis 17 €, Smoothie 6 €, Metro 2 Porta Genova FS

(28) Die erste italienische Mikro-Destillerie, die Gin herstellt, heißt **The Botanical Club**. Mittlerweile gibt es zwei weitere Läden in Mailand, einen in der Via Melzo (Porta Venezia) und einen in der Via Pastrengo (Isola). In allen drei Filialen bist du zum Mittagessen, *Aperitivo* und Dinner an der richtigen Adresse, ihre Spezialität sind jedoch Cocktails.

Via Tortona 33, www.thebotanicalclub.com, Tel. 024232890, Mo–Mi 12.30–15.00 und 18.30–1.00, Fr 12.30–15.00 und 18.30–2.00, Sa 18.30–2.00 Uhr, Preis Cocktail 10 €, Metro 2 Porta Genova FS, Straßenbahn 14 Piazza del Rosario

(30) Das Restaurant **Al Fresco** mit gemütlicher, stimmungsvoller Einrichtung befindet sich in einem früheren Lagerhaus im Viertel Tortona. Es hat einen schönen Garten, in dem du wunderbar zu Mittag und zu Abend essen kannst. Der Chefkoch ist jemand, der gern experimentiert und neue Kreationen erfindet. Er kombiniert zum Beispiel ein Risotto mit Kräutern aus dem eigenen Garten, Mascarpone, grüne Äpfel und Kabeljau. Achtung, hier musst du ein bisschen tiefer in die Tasche greifen.

Via Savona 50, www.alfrescomilano.it, Tel. 0249533630, Di–Fr 19.30–0.30, Sa–So 12.30–15.30 und 19.30–0.30 Uhr, Preis 30 €, Straßenbahn 14 Rosario

(31) Die Pizzeria **La Tradizionale** befindet sich in einer alten Fabrikhalle. Der gemütlich eingerichtete, offene Raum liegt versteckt hinter einem Garten mit *Aperitivo*-Bar. Du fühlst dich wie in einem italienischen Dorf, das Essen wird an langen Tischen serviert. Neben Pizza gibt es auch gute Fischgerichte. Probier z. B. die Fritto misto di pesce (frittierter Fisch, Krebse und Muscheln).

Via Bergognone 16, www.latradizionale.com, Tel. 0242292026, tgl. 12.00–14.30 und 19.00–0.00 Uhr, Preis Pizza 10 €, Straßenbahn 14 Rosario

(32) Bei **La Baita del Formaggio** kommen Käsefans auf ihre Kosten. Hier werden über 200 Sorten italienischer Käse angeboten, einige werden vom Besitzer selbst hergestellt. Du kannst den Käse einpacken lassen und mit nach Hause nehmen oder im Kiosk gegenüber genießen. Hier schwelgst du bei einem Glas italienischem Wein im Käsegenuss. Probier unbedingt die Bollcrem: Gorgonzola mit Champagner.

Via Vincenzo Foppa 5, Tel. 024817892, Mo–Sa 7.30–23.30, So 11.00–23.00 Uhr, Preis Aperitivo 14 € einschl. Tellerchen mit Käse und/oder Wurst, Metro 2 Sant'Agostino

(34) Der **PaninoLAB Tortona District** ist ein hübscher Mittagsimbiss und ein guter Ort für einen schnellen Abendsnack. Hier kannst du traditionelle Panini essen, für die nur italienische Produkte in Spitzenqualität verarbeitet werden. Hier wird Liebhabern italienischer Fleischwaren und Vegetariern etwas geboten. Es gibt zwei weitere Filialen an der Via Corsico 1 und an der Corso di Porta Ticinese 59.

Via Montevideo 8, www.paninolab.it, Tel. 0222220034, Mo–So 11.00–15.00 und 18.00–22.00 Uhr, Preis Panino 7,50 €, Metro 2 Sant'Agostino

(36) Tannico zählt zu den am schnellsten expandierenden Weinunternehmen Italiens. Der Erfolg gründet sich hauptsächlich auf den Online-Verkauf. Mit der **Tannico Wine Bar** möchten die Betreiber ihren Online-Kunden eine zusätzliche Live-Erfahrung bieten. Die Atmosphäre im Laden harmoniert deutlich mit der Website: modern, aber sehr stimmungsvoll. Genieß hier das Ende eines schönen Tags bei einem guten Glas Wein oder eiskaltem Prosecco zum leckeren Snack.

Via Savona 17, www.tannicowinebar.it, Tel. 0209946657, Di–So 18.00–0.00 Uhr, Preis ab 6 € pro Glas Wein, Metro 2 Porta Genova FS, Sant'Agostino

SHOPPEN

① **Guendalina** ist eine Modeboutique mit moderner Bekleidung. Hier findest du Basics wie tolle Jeans, aber auch Kleider, Röcke und Tops. Guendalina führt verschiedene Marken wie E.exterior, Kaos und Paperplace. Die Kollektion wird von der Besitzerin liebevoll zusammengestellt und die Preise sind fair. Sie möchte jeder Frau die Möglichkeit bieten, gut auszusehen.

Corso di Porta Ticinese 65, www.bettinadue.it, Tel. 0258113545, Mo–Mi & So 10.30–14.00 und 15.00–19.30, Do–Sa 10.30–19.30 Uhr, Straßenbahn 3 Colonne di San Lorenzo

⑤ Vor einigen Jahren beschlossen Davide und Juanna Rosa, Vater und Tochter, eine Werkstatt mit Laden zu eröffnen. Davide arbeitet als Goldschmied, Juanna Rosa mit Textilien und Illustrationen. Bei **labcorsosangottardo3** siehst du das Ergebnis ihrer Arbeit. Hier verkaufen sie Schmuck mit vielen Details, aber auch Kleidung, Taschen und anderes Modezubehör.

Corso San Gottardo 3, www.labcorsosangottardo3.it, Tel. 0236510002, Mo–Fr 10.00–19.00, Sa 10.00–13.00 Uhr, Straßenbahn 3 Piazza XXIV Maggio

⑬ **Nipper** heißt ein beliebter Vintageladen mit alten Werbetafeln, Uhren, Stühlen, Neonbeleuchtung und vielem mehr. Alle Objekte wurden sorgfältig geprüft, nötigenfalls repariert und gereinigt. Hier erhältst du also echte Qualität.
Ripa di Porta Ticinese 69, www.nippermilano.com, Tel. 028376947, Mi–Sa 14.00–20.00 Uhr oder nach Vereinbarung, Metro 2 Porta Genova

⑭ Bei **Ecliss** bekommst du alles für den Garten und die Weihnachtszeit. Von Februar bis Oktober gibt es das „Maison d'Été" und im riesigen Raum ist alles nach Bereichen wie Strand, Schatten und Sonne arrangiert. Im Oktober wird das Loft zur „Christmas Village" und du kannst zu Themen wie Schokolade, Safari und Cartoons die originellsten Weihnachtsaccessoires shoppen. Schön und teuer.
Ripa di Porta Ticinese 73, www.ecliss.it, Tel. 0258106280, Mo 14.00–19.00, Di–Sa 10.00–19.00 Uhr, Metro 2 Porta Genova FS, Straßenbahn 2 Valenza-Alzaia Nav. Grande

㉑ Schon seit 25 Jahren sind sie zusammen: Er ist Designer aus Sardinien und sie Stylistin aus Irland. Fast alles im Geschäft von **Salvatore + Marie** wurde von ihnen selbst gefertigt. Von fröhlicher Mode, Taschen und hippen Garderoben aus Kunststoff bis zu Lampenschirmen aus leeren Flaschen oder Couchtischen aus Glas sowie Kaffee- und Teetassen.
Via Vigevano 33, Tel. 0289422152, Mo 15.30–19.30, Di–Sa 10.30–13.00 und 15.30–19.30 Uhr, Metro 2 Porta Genova FS

㉒ **Mafalda 86** bietet eine umfassende Auswahl an selbst entworfenen, handgefertigten (Sonnen-)Brillen. Die Modelle zeigen ein klares Design und sind vor allem toll, wenn eine Brille für dich auch ein modisches Accessoire ist.
Via Tortona 19, www.mafalda86.it, Tel. 3338549929, Mo 15.00–19.30, Di–Sa 10.30–14.00 und 15.30–19.30 Uhr, Metro 2 Porta Genova FS

㉟ Eine Minikette mit Läden in Mailand, Tokio und New York, gegründet vom Japaner Satoshi Kawamoto. Wenn du hereinkommst, fühlst du dich wie im grünen Paradies mit einem kleinen Treibhaus und einer „Bibliothek" voller Pflanzen. Der **Green Fingers Market** verkauft vor allem Pflanzen, aber auch Töpfe, kleine Tische, Leuchten und Zubehör für Garten, Balkon oder das grüne Wohnzimmer.
Via Savona 21, www.greenfingersmarket.com, Tel. 0250043657, Di–So 12.00–20.00 Uhr, Metro 2 Porta Genova FS, Sant'Agostino

FREIZEITTIPPS

② Der **Parco delle Basiliche** ist ein kleinerer Park, dessen Name auf die beiden Basiliken im Park verweist: San Lorenzo Maggiore an der Nordseite und die Basilica di Sant'Eustorgio an der Südseite des Wegs. Der Südteil des Parks ist bestens gepflegt, mit einem Spielplatz und schönen Schattenplätzen. Genieß die Ruhe auf einer Bank und die Aussicht auf die Basiliken.
Via Santa Croce/Via Vetere/Via Molino delle Armi, tgl., Straßenbahn 3 Colonne di San Lorenzo

⑨ Jeden letzten Sonntag des Monats herrscht auf dem **Antikmarkt** am Kanal geschäftiges Treiben. Die Händler hier bieten Antikwaren (und alten Plunder) zum Kauf an. Du findest alte Grammofone mit riesigen Trichtern, Schränkchen, Stühle, Vintagemode und jede Menge alter Bücher.
Alzaia Naviglio Grande & Ripa di Porta Ticinese, letzter So/Monat im Jan.–Juni und Okt.–Dez. 9.00–18.00 Uhr, Metro 2 Porta Genova FS, Straßenbahn 3 Piazza XXIV Maggio

⑮ Samstag kannst du auf dem Flohmarkt **Fiera Di Sinigaglia** zwischen den Ständen mit neuen und alten Dingen schlendern. Hier gibt es wirklich alles und jedes: von Kleidung und Schuhen bis zu afrikanischen sowie asiatischen Möbeln und Weihrauch. Achte auf deine Wertsachen, es sind Taschendiebe unterwegs!
Ripa di Porta Ticinese, Sa 8.00–18.00 Uhr, Metro 2 Porta Genova FS, Straßenbahn 2 Valenza-Alzaia Nav. Grande

⑯ Wenn du den Innenhof des **Centro dell'Incisione** betrittst, glaubst du, im Mittelalter gelandet zu sein. In den baufälligen Häuschen um diesen alten Platz werden Bildhauer-Workshops gegeben. Bei schönem Wetter wird im Freien gearbeitet. Nimm an einem Workshop teil und leb dich aus!
Alzaia Naviglio Grande 66, www.gigipedroli.it, Tel. 022881417, Di–Sa 16.00–19.00 Uhr, Preis Workshop ab 35 €, Metro 2 Porta Genova FS, Straßenbahn 2 Valenza-Alzaia Nav. Grande

㉓ Inmitten der dicht bebauten Via Tortona liegt eine echte Mailänder *Bocce*-Bahn, ein Ballspiel ähnlich wie Boule. Diese Bahn kannst du über das Café **Morna**

* Get ready to play some Bocce!

ROUTE 4

SANT'AMBROGIO & ZENTRUM SÜD

INFOS ZUR ROUTE

Liebhaber von Kirchen, Überbleibseln aus der Römerzeit und gutem Essen kommen auf dieser Route ganz auf ihre Kosten. Diese Tour steckt voller Kontraste: ruhige Straßen um die wichtigste Kirche der Mailänder, Sant'Ambrogio, und dann plötzlich der Trubel auf der Corso Genova und rund um die Via Torino. Auch wenn der Weg eher im Zentrum liegt, führt er dich in eine Gegend, die weniger bekannt ist. Diese Wanderung kann gut mit Route 1 und 3 kombiniert werden.

DIE VIERTEL

Im riesigen **Museo Nazionale della Scienza e della Tecnologia Leonardo da Vinci** kannst du leicht einen ganzen Tag verbringen. Hier siehst du Dampfmaschinen vom Beginn des letzten Jahrhunderts sowie Modelle der Werke von Leonardo da Vinci und kannst ein U-Boot besichtigen. Wieder im Freien gehst du an der nächsten Ecke fast direkt in die **Basilica Di Sant'Ambrogio**, eine der ältesten und wichtigsten Kirchen von Mailand. Trotz der Nähe zur Università Cattolica, die sich im ehemaligen Kloster bzw. seinen Überresten befindet, ist es hier im Allgemeinen sehr ruhig. Die Studenten sind vor allem zur Mittagszeit unterwegs, wenn sie in einem der Cafés und den Straßen rundum essen gehen. Und wenn sie ihren Abschluss machen und die komplette Familie nach Mailand kommt, um diesen wichtigen Moment zu feiern. Die Jungakademikerinnen und -akedemiker erkennst du am Lorbeerkranz auf ihren Köpfen.

Etwas südlicher, in den Einkaufsstraßen um den Corso Genova, ist es herrlich turbulent. Straßenbahnen, Autos, Scooter und Bikes fahren über die alte Straße, die mit Pavé gepflastert ist, einem typischen Mailänder Straßenpflaster. Hier liegen tolle Restaurants und schöne Läden, und ein bisschen abseits der Hauptstraße findet man auch etwas mehr Ruhe.

Bei den **Colonne di San Lorenzo** (der römischen Säulengalerie) und in der Via Torino herrscht derselbe gesellige Trubel. Dem kannst du leicht entkommen, indem du eine der Kirchen besuchst oder die Seitenstraßen im Osten und Westen der Via Torino einschlägst. Vor allem im Viertel **Cinque Vie** triffst du auf unterschiedliche Architekturstile, von Restaurants und Gebäuden aus der Römerzeit bis zur Rationalen Architektur ab Mitte des vergangenen Jahrhunderts.

WENIG ZEIT? DAS SIND DIE HIGHLIGHTS:
BASILICA DI SANT'AMBROGIO + COLONNE DI SAN LORENZO + PECK + MUSEO NAZIONALE DELLA SCIENZA E TECNOLOGIA LEONARDO DA VINCI + PINACOTECA AMBROSIANA

TIPPS

// Für den ersten und Folgebesuche geeignet // Ein Muss, wenn du römisches Altertum magst // Schöne Route für Liebhaber von Kirchen

SANT'AMBROGIO & ZENTRUM SÜD

1. Basilica San Vittore al Corpo
2. Museo Nazionale della Scienza e della Tecnologia Leonardo da Vinci
3. Basilica di Sant'Ambrogio
4. Colonna del Diavolo
5. Università Cattolica
6. Caminadella Dolci
7. Zibo
8. HUMANA Vintage
9. Kitchen
10. Faithu lab
11. Hygge
12. Gelateria Oasi
13. Pasticceria Cucchi
14. Biffi
15. Coccinelle
16. Conca del Naviglio
17. Zio Pesce
18. Le Biciclette
19. Drogheria Milanese
20. Mag la Pusterla
21. Antica Porta Ticinese
22. Colonne di San Lorenzo
23. Basilica San Lorenzo Maggiore / Capella di Sant'Aquilino
24. Cantina della Vetra
25. Tasca
26. Scout
27. Nami
28. Studio Museo Francesco Messina
29. Daniela de Marchi
30. Chiesa di Sant'Alessandro in Zebedia
31. The Cloister
32. Pasto
33. Palazzo Mezzanotte
34. Pinacoteca Ambrosiana
35. Ciacco. Il gelato senz'altro
36. Peck
37. Pescheria Spadari
38. Chiesa di San Satiro

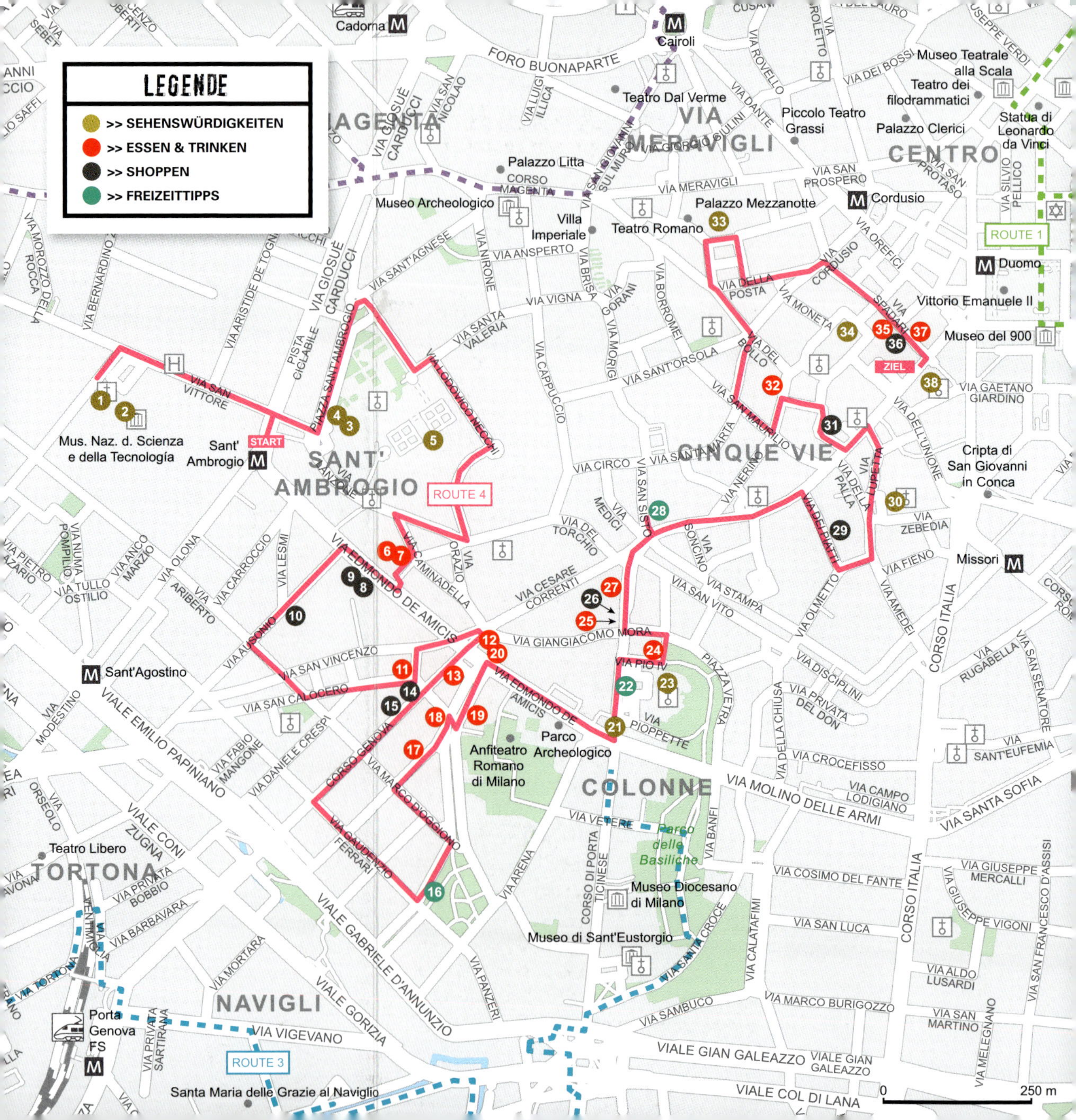

LEGENDE
>> SEHENSWÜRDIGKEITEN
>> ESSEN & TRINKEN
>> SHOPPEN
>> FREIZEITTIPPS
START
ZIEL
ROUTE 1
ROUTE 3
ROUTE 4
Cadorna
Cairoli
Cordusio
Duomo
Missori
Sant' Ambrogio
Sant'Agostino
Porta Genova FS
MAGENTA
VIA MERAVIGLI
CENTRO
SANT' AMBROGIO
CINQUE VIE
COLONNE
TORTONA
NAVIGLI
Mus. Naz. d. Scienza e della Tecnología
Museo Archeologico
Palazzo Litta
Villa Imperiale
Teatro Romano
Teatro Dal Verme
Palazzo Mezzanotte
Piccolo Teatro Grassi
Palazzo Clerici
Museo Teatrale alla Scala
Teatro dei filodrammatici
Statua di Leonardo da Vinci
Vittorio Emanuele II
Museo del 900
Cripta di San Giovanni in Conca
Anfiteatro Romano di Milano
Parco Archeologico
Parco delle Basiliche
Museo Diocesano di Milano
Museo di Sant'Eustorgio
Teatro Libero
Santa Maria delle Grazie al Naviglio
FORO BUONAPARTE
CORSO MAGENTA
VIA SAN VITTORE
VIA EDMONDO DE AMICIS
VIA SAN VINCENZO
VIA SAN CALOCERO
CORSO GENOVA
VIA MARCO D'OGGIONO
VIA GAUDENZIO FERRARI
VIA GIANGIACOMO MORA
VIA PIO IV
VIA CESARE CORRENTI
VIA CAMINADELLA
VIA LODOVICO NECCHI
VIA DELLA POSTA
VIA CORDUSIO
VIA SPADARI
VIA DEL BOLLO
VIA SAN MAURILIO
VIA LUPETTA
VIA DEI PIATTI
VIA DELLA PALLA
VIA SAN SISTO
VIA TORINO
VIA MOLINO DELLE ARMI
VIA SANTA SOFIA
CORSO ITALIA
CORSO DI PORTA TICINESE
VIALE GABRIELE D'ANNUNZIO
VIALE GIAN GALEAZZO
VIALE COL DI LANA
VIA VIGEVANO
VIA VETERE
VIA SANTA CROCE
VIALE EMILIO PAPINIANO
VIA CIRCO
VIA SANT'ORSOLA
VIA MONETA
VIA OREFICI
VIA GAETANO GIARDINO
VIA DELL'UNIONE
VIA ZEBEDIA
VIA FIENO
VIA OLMETTO
VIA STAMPA
VIA SAN VITO
VIA DISCIPLINI
VIA CROCEFISSO
VIA CALATAFIMI
VIA SAMBUCO
VIA MARCO BURIGOZZO
0
250 m

BESCHREIBUNG ROUTE 4 (ca. 6,6 km)

An der Metrostation Sant'Ambrogio links in die Via San Vittore, um die Basilika San Vittore al Corpo 1 und das Museo Nazionale della Scienza e della Tecnologia 2 zu besuchen. Der Ausgang des Museums befindet sich wieder an der Metrostation Sant'Ambrogio. Geh ein kleines Stück über die Via Cordusio und bieg rechts zu einer der ältesten Kirchen der Stadt und der dahinter befindlichen Universität ab 3 4 5. Jetzt rechts in die Via L. Necchi, wieder rechts über die Via San Pio V und nochmals rechts in die Via Lanzone hinein. Nimm die erste links für Leckereien 6 oder zum Mittagessen 7. Weiter zur Via Edmondo de Amicis, hier kannst du shoppen 8 9. Geh links in die Via Ausonio für Accessoires aus Origami 10 und bieg dann wieder in die erste links ein. Auf der Via San Calocero nach links für einen Kaffee oder zum Mittagessen 11 und geh weiter nach rechts, sodass du auf der Via Edmondo de Amicis herauskommst. Wenn du Lust auf ein Eis hast, gehst du kurz hinüber 12, oder gönn dir eine *Brioche* 13. In der Corso Genova kannst du shoppen 14 15. Nimm die Via G. Ferrari nach links und betrachte die alten Schleusentore 16. Zickzack über die Via Mardo d'Oggiono und Via C. Simonetta 17 18 19 zur Via Edmondo De Amicis und reservier für den Abend einen Tisch 20. Geh nach rechts und an der Kreuzung hinüber, unter der Antica Porta Ticinese hindurch 21. Genieß den Platz vor der Basilica di San Lorenzo 22 23. Direkt hinter der Kirche biegst du rechts ab (Via Pio IV), um etwas zu essen 24. Kehre zur Corso di Porta Ticinese zurück 25 26 27 und geh in die Via Torino. In der ehemaligen Kirche in der Via San Sisto kannst du Kunst bewundern 28. Jetzt über die Via Torino und rechts in die Via dei Piatti 29. Am Ende links und die erste wieder links, sodass du auf der Piazza Sant'Alessandro herauskommst 30. An der Gabelung rechts. Überquer die Via Torino und geh in die Via Valpetrosa zum Concept-Store 31. Geh vom Laden aus rechts und danach links, zwischen der Polizeiwache und der Baustelle durch. Hier kannst du Pasta genießen 32. Bieg links in die Via Zecca Vecchia ein. Staun über die schönen Häuser der San Maurilio und Via Santa Marta (rechts). Am Ende dieser Straße rechts und in die Via S. M. Fulcorina. Schlendere durch die Arkaden und betrachte das Kunstwerk 33. Überquer den Platz, lauf unter den Arkaden durch und links hinüber zur Via della Posta. Bieg rechts in die Via Armorari ein. Besuch das Museum mit Werken von Da Vinci 34 und eine Reihe Imbisse 35 36 37. Wenn du weitergehst, kannst du eine Kirche bewundern, entworfen von Bramante 38.

SEHENSWÜRDIGKEITEN

① Die römische **Basilica San Vittore al Corpo** liegt neben dem Eingang des Wissenschafts- und Technologiemuseums. Die Kirche stammt aus dem 4. Jahrhundert und wurde nach Zerstörungen zweimal wiederaufgebaut: im 12. Jahrhundert und ab 1560. Seit dem 17. Jahrhundert wurden viele Veränderungen an der Kirche vorgenommen, wie es damals üblich war, und ihr Innenraum zeigt heute die üppigste Dekoration aller Mailänder Kirchen. Achte vor allem auf die Deko an der Cupola über dem Altar und die vielen Gemälde aus der Spätrenessaince.
Via San Vittore 25, Tel. 0248005351, Mo, Di 7.30–12.00 und 15.30–18.30, Mi 7.30–12.00, Fr–Sa 7.30–18.30, So 8.00–13.00 und manchmal 13.30–17.30 Uhr, Eintritt gratis, Metro 2 Sant'Ambrogio

② Ein Teil des **Museo Nazionale della Scienza e della Tecnologia Leonardo da Vinci** ist, wie der Name sagt, Leonardo da Vinci gewidmet. Neben der Ausstellung über sein Werk steht dieses Museum ganz im Zeichen von „Innovationen", von der ersten Rechenmaschine bis zu historischen Eisenbahnen, von U-Booten bis zur Raumfahrt. Das Museum ist zum Teil in einem alten Kloster gelegen.
Via San Vittore 21, www.museoscienza.org, Tel. 02485551, Di–Fr 9.30–17.00, Sa–So 9.30–18.30 Uhr, Eintritt 10 €, Metro 2 Sant'Ambrogio

③ Für die Gläubigen von Mailand ist die **Basilica di Sant'Ambrogio** mindestens so wichtig wie der Duomo. Diese Kirche aus dem 4. Jahrhundert trägt den Namen des Schutzpatrons der Stadt, Sankt Ambrosius. Er hat die Kirche eingeweiht und sein mumifizierter Leichnam wird hier aufbewahrt. Im Laufe der Jahrhunderte wurde die Kirche mehrmals erweitert. Im Zweiten Weltkrieg wurde sie durch die Bombardierungen der Alliierten größtenteils zerstört, danach aber vollständig wiederaufgebaut.
Piazza Sant'Ambrogio 15, www.basilicasantambrogio.it, Tel. 0286450895, tgl. 7.00–12.00 und 14.30–19.00 Uhr, Eintritt gratis, Metro 2 Sant'Ambrogio

④ Die **Colonna del Diavolo** steht neben der Basilica di Sant'Ambrogio. Wenn du genau hinschaust, bemerkst du auf Kniehöhe zwei Löcher in der „Teufelssäule". Der Legende nach versuchte der Teufel mehrfach, den Erzbischof Sant'Ambrogio zu überzeugen, den Kirchenbau zu stoppen. Eines Tags war es der Bischof leid

Feel the history

38

33

2

und er versetzte dem Teufel einen Schubs. Dieser landete mit den Hörnern in der Säule und entkam schließlich über die beiden Löcher, die durch seine Hörner entstanden waren, in die Hölle. Man sagt, dass man das Höllenfeuer hören und Schwefeldämpfe riechen kann, wenn man nur nahe genug am Pfeiler steht ...

Piazza Sant'Ambrogio 19, Metro 2 Sant'Ambrogio

(5) Die **Università Cattolica** ist eine der sieben Universitäten Mailands. Das alte Kloster mit dem herrlichen Innenhof und Bögen ist seit 1921 Sitz der Universität. Sie zählt zu den renommiertesten Lehranstalten Italiens. Die Aula Magna mit ihrer großartigen, gewölbten Decke ist auf jeden Fall einen Besuch wert. Auch Nichtstudierende haben Einlass.

Largo Agostino Gemelli 1, www.unicatt.it, Tel. 0272341, Mo–Fr 9.00–18.00 Uhr, Eintritt gratis, Metro 2 Sant'Ambrogio

(21) Die mittelalterliche **Antica Porta Ticinese** war Teil der Stadtmauer aus dem 12. Jahrhundert. Ursprünglich gab es im Tor nur eine Öffnung; erst Ende des 19. Jahrhunderts wurden die beiden anderen hinzugefügt. Such nach dem Flachrelief über dem Hauptdurchgang: In der Mitte steht die Heilige Magd mit dem Kind, die von Sankt Ambrosius ein Modell des Viertels erhält und so gebeten wird, darüber zu wachen. Außerdem sind die drei Namensgeber der wichtigsten religiösen Bauten des Viertels dargestellt: San Lorenzo, Sant'Eustorgio und San Pietro der Märtyrer.

Corso di Porta Ticinese/Ecke Via Molino delle Armi, Metro 2 Sant'Ambrogio, Straßenbahn 3 Colonne di San Lorenzo

(23) Die **Basilica San Lorenzo Maggiore** wurde in einem Zeitraum errichtet, in dem in Mailand viele christliche Kirchen erbaut wurden, zwischen Ende des 4. und Anfang des 5. Jahrhunderts. Im Gegensatz zu anderen Kirchen aus dieser Periode hat diese keinen rechteckigen Grundriss, sondern einen runden Raum in der Mitte, der das Zentrum der Kirche bildet, umringt von verschiedenen Kapellen. Besuch die kürzlich renovierte **Capella di Sant'Aquilino** und bewundere die Kopie des Gemäldes *Das letzte Abendmahl* direkt links vom Eingang.

Corso di Porta Ticinese 35, www.sanlorenzomaggiore.com, Tel. 0289404129, Mo–Sa 9.00–18.30, So 9.00–19.00 Uhr, Eintritt Basilika gratis, Cappella di Sant'Aquilino 2 €, Metro 2 Sant'Ambrogio, Straßenbahn 3 Colonne di San Lorenzo

(30) Zu römischen Zeiten stand an dieser Stelle ein Gefängnis. Möglicherweise starb hier der Märtyrer Alessandro während der Christenverfolgung. Als das Christentum im römischen Reich zum offiziellen Glauben wurde, riss man das Gefängnis ab und erbaute zum Gedenken eine kleine Kirche. Erst im 17. Jahrhundert begann man mit dem Bau der **Chiesa di Sant'Alessandro in Zebedia**. Die Fassade wurde in zwei Schritten errichtet, wodurch der untere Bereich Merkmale des Rinascimento und der obere Teil Barockelemente zeigt. Die Einrichtung ist komplett im Barockstil gestaltet.
Piazza Sant'Alessandro, Tel. 0286453065, Mo 12.00–19.30, Di–Sa 10.00–19.30, So 11.00–19.30 Uhr, Eintritt gratis, Metro 3 Missori

(33) Das imposante Börsengebäude aus dem Jahr 1931 symbolisiert die wirtschaftliche Macht Mailands. Der offizielle Name dieses modern-klassischen Baus lautet nach seinem Architekten **Palazzo Mezzanotte**. Der Börsensaal mit Balustraden über drei Etagen zählt zu den größten Europas. Auf dem Platz davor steht die Skulptur L.O.V.E, auch bekannt als Il Dito (der Finger), des italienischen Künstlers Maurizio Cattelan. Möglicherweise ist dieses Werk als Kritik an Faschismus und Kapitalismus zu verstehen.
Piazza degli Affari 6, nicht für die Öffentlichkeit zugänglich, Metro 1 Cordusio

(34) Die **Pinacoteca Ambrosiana** wurde 1618 von Kardinal und Kunstkenner Frederico Borromeo gegründet. Zehn Jahre zuvor erbaute er die Biblioteca Ambrosiana. Jeder, der lesen oder schreiben konnte, war ungeachtet von Herkunft oder Alter willkommen – einzigartig in jener Zeit. In den prächtigen Sälen des Museums hängen unter anderem Gemälde von Botticelli, Raffael und Tizian. Außerdem gibt es einen Raum, im dem wissenschaftliche Instrumente des 18. Jahrhunderts ausgestellt werden. Die Biblioteca Ambrosiana (Bestandteil des Museums) umfasst etwa 750 000 Bücher, darunter Abschnitte des Codex Atlanticus von Da Vinci.
Piazza Pio XI 2, www.ambrosiana.it, Tel. 02806921, Di–So 10.00–18.00 Uhr, Eintritt 15 €, Metro 1, 3 Duomo, 1 Cordusio

(38) Im Jahr 876 wurde an dieser Stelle eine Kirche zu Ehren von San Satiro erbaut. 400 Jahre später ereignete sich in dieser Kirche ein Wunder: Ein Passant berührte die auf einem Gemälde dargestellte Madonna, die daraufhin anfing, zu bluten. Viele Gläubige kamen, um das Wunder zu sehen und 1472 gab der Her-

zog Galeazzo Maria Sforza den Auftrag für den Bau der **Chiesa di San Satiro**. Der Architekt Bramante schuf hier eine der ersten *trompe l'oeuils* (frz. Augentäuschung), Scheinarchitektur, die Tiefe vortäuscht. Auch das Baptisterium am Eingang rechts ist einen Besuch wert.

Via Torino 17, Tel. 02874683, Mo–Sa 9.30–17.30, So 14.00–17.30 Uhr, Eintritt gratis, Metro 1, 3 Duomo

ESSEN & TRINKEN

(6) Die **Caminadella Dolci** erkennst du am kleinen Schaufenster in der gleichnamigen Straße. Links davon ist ein Tor, durch das du in den Innenhof gelangst, in dem sich das Geschäft befindet. Die Eigentümerin Elena stellt herrlichste Plätzchen, Torten und Gebäck her. Hier kannst du Leckeres zum Kaffee genießen.

Innenhof der Via Caminadella 23 (auf Klingel Nr. 28 drücken), www.caminadelladolci.it, Tel. 0272021136, Di–Sa 10.00–19.00 Uhr, Preis Kaffee mit Gebäck 6,50 €, Metro 2 Sant'Ambrogio

24
BISTROT

18

11

11

12

⑦ **Zibo** startete vor einigen Jahren als Foodtruck, der durch Mailand und Umgebung fuhr. Das Konzept war so erfolgreich, dass die Gründer beschlossen, eine feste Basis zu suchen. Sie eröffneten ein stimmungsvolles Restaurant, in dem traditionelle italienische Gerichte mit modernem Touch serviert werden. Der ideale Ort, um mehrere Gerichte zu bestellen und von allem etwas zu probieren.
Via Caminadella 21, zibocuochiitineranti.it, Tel. 0235999463, Di–Sa 12.30–14.30 und 19.30–22.00 Uhr, Preis 14 €, Metro 2 Sant'Ambrogio

⑪ Der Name **Hygge** (dänisch für Wohlbefinden) sagt eigentlich schon alles: Hier kommst du herein, fühlst dich zu Hause und bleibst gern ein paar Stunden, um einen Cappuccino, die Gesellschaft oder ein gutes Buch zu genießen. Einrichtung und Speisekarte haben einen skandinavischen Touch. Der Weekend-Brunch – auch als vegane Variante – ist empfehlenswert.
Via Giuseppe Sapeto 3, www.hyggecorner.com, Tel. 3511028043, Mo, Mi, Do 8.30–18.30, Fr–Sa 10.00–18.00, So 10.00–17.00 Uhr, Preis Frühstücksgericht 9 €, Brunch-Menü 25 €, Metro 2 Sant'Ambrogio

⑫ Die gut besuchte **Gelateria Oasi** hat wunderbares Speiseeis. Sehr lecker sind die Fruchtsorten und die Geschmacksrichtung Bacio (Schokolade mit ganzen Haselnüssen). Eine weitere Spezialität ist die *Brioche* (eine Art Croissant) gefüllt mit Eis deiner Lieblingssorte. Unbedingt Finger ablecken!
Via dei Fabbri 26/Ecke Via Cesare Correnti, FB oasidelgelato, Tel. 0284210332, tgl. 7.00–1.00 Uhr, Preis Eis 2,50 €, Metro 2 Sant'Ambrogio, Straßenbahn 2, 14 Genova-Res. Partigiana

⑬ Schon seit 1936 ist die **Pasticceria Cucchi** in Mailand ein Begriff. Die Einrichtung stammt aus den 1950er-Jahren und trotz der Renovierung vor ungefähr zehn Jahren konnte man diese Atmosphäre erhalten. Sie bietet eine riesige Auswahl an Leckereien, insbesondere die *Brioches* mit cioccolato fondente (reiner Schokolade) sind fantastisch. Deshalb ist es zur Frühstückzeit hier auch brechend voll.
Corso Genova 1, www.pasticceriacucchi.it, Tel. 0289409793, Di–So 7.00–22.00 Uhr, Preis Kaffee mit Brioche 3,50 €, Straßenbahn 2, 14 Genova-Res. Partigiana

⑰ Das lauschige Restaurant **Zio Pesce** ist perfekt, um bei der Porta Ticinese preiswert und gut Fisch zu essen. Die Einrichtung ist hübsch, mit Holztischen und

karierten Tischdecken. Probier die *Cozze* (Muscheln) und die Krebsgerichte. Oder teil dir eine Fischplatte mit deiner Begleitung. Reservierung empfohlen.
Via Cicco Simonetta 8, www.ziopesce.it, Tel. 0258109145, Mo–Sa 19.00–0.00 Uhr, Preis 13 €, Metro 2 Sant'Ambrogio, Straßenbahn 2, 14 Genova-Res. Partigiana

⑱ Vom ehemaligen Fahrradladen **Le Biciclette** sind nur ein paar Räder als Deko an der Decke geblieben. Im Gebäude befindet sich jetzt eine Bar, in der Nachwuchskünstler die Chance erhalten, ihre Werke zu präsentieren. Vor allem Gemälde und Fotografie, aber auch Mode und digitale Kunst. Hier treffen sich kulturell interessierte Mailänder, um zu feiern und zu essen.
Via Giovanni Battista Torti 2, www.lebiciclette.com, Tel. 0258104325, Mo–Di 18.00–1.00, Mi–Do 18.00–1.30, Fr–Sa 18.00–2.00, So 18.00–0.00 Uhr, Preis Cocktail 9 €, Metro 2 Sant'Ambrogio, Straßenbahn 2, 14 Genova-Res. Partigiana

⑲ Die **Drogheria Milanese** ist ein gemütliches Restaurant, das zu einer kleinen Mailänder Kette gehört. Die Speisekarte ist ziemlich lang und die Portionen sind ziemlich klein – also wähl munter drauflos, damit du verschiedene Speisen probieren kannst. Nimm zum Bespiel die knusprigen Tintenfischringe mit Ziegen- und Schafskäse, dazu den Insalata Dipuntarelle (Chicorée, mit leicht bitterem Aroma).
Via Conca del Naviglio 7, www.drogheriamilanese.com, Tel. 0258114843, Mo–Sa 18.00–0.00, So 12.00–15.00 und 18.00–0.00 Uhr, Preis 16 €, Metro 2 Sant'Ambrogio, Straßenbahn 2, 14 Genova-Res. Partigiana

⑳ Die Besitzer des Mag am Naviglio Grande haben eine Cocktailbar mit Küche eröffnet: **Mag la Pusterla**. Hier steigst du mit einem Cocktail in den Abend ein, machst mit einem einfachen Gericht weiter, um danach wieder beim Cocktail zu landen.
Via Edmondo de Amicis 22, FB Magcafemilano, Tel. 0249755094, tgl. 7.30–1.30 Uhr, Preis Cocktail 9 €, Metro 2 Sant'Ambrogio

㉔ Die **Cantina della Vetra** hat neben einer umfassenden Speisekarte mit vor allem norditalienischen Gerichten auch eine große Weinkarte. Von der Terrasse blickst du auf die Basilica di San Lorenzo Maggiore.
Via Pio IV 3/Ecke Piazza Vetra, www.cantinadellavetra.it, Tel. 0289403843, tgl. 12.00–0.00 Uhr, Preis 20 €, Metro 2 Sant'Ambrogio, 1, 3 Duomo, Straßenbahn 3 Carrobbio

32

20

(25) Das **Tasca** ist eine tolle Alternative zur Unmenge frischer Pasta und Pizza, die bei vielen Restaurants auf der Speisekarte stehen. Diese gemütliche, quirlige spanische Tapasbar serviert herrliche Gerichte zu gutem Wein. Hier solltest du unbedingt den Pata negra probieren, getrockneten rohen Schinken, der nach den schwarzen Pfoten der Schweine benannt ist, von denen er stammt.
Corso di Porta Ticinese 14, www.iltasca.it, Tel. 028376915, Mo–Fr 12.00–1.00, Sa 18.00–1.00 Uhr, Preis 25 €, Straßenbahn 3 Carrobbio

(27) Japanische Restaurants gehen in Mailand gut. Leider sind sie oft teuer oder liegen nicht im Zentrum. Das **Nami** bildet eine Ausnahme: Hier hast du große Auswahl zum angemessenen Preis. Für 25 Euro kannst du bereits ein gutes Probiermenü aus verschiedenen kleinen Gerichten bestellen. Das Restaurant ist nach japanischer Tradition eingerichtet, du sitzt also im Schneidersitz. Wenn du es komfortabler möchtest, versuch, einen Platz am Fenster zu ergattern.
Corso di Porta Ticinese 6, Tel. 0289401415, Di–So 12.00–14.30 und 19.00–23.30 Uhr, Preis 12 €, Probiermenü Barca 25 €, Metro 2 Sant'Ambrogio, 1, 3 Duomo, Straßenbahn 3 Carrobbio

(32) Das Restaurant von **Pasto** ist klein, aber fein und wirkt wegen der großen Fenster trotzdem geräumig. Hier wird ständig Pasta hergestellt, die du nicht nur frisch kaufen, sondern vor allem mittags zum fairen Preis verspeisen kannst. Sorg dafür, dass du mit ordentlich Hunger ankommst, die Portionen sind wirklich großzügig.
Via Zecca Vecchia 4, Tel. 3890356309, Mo–Mi 12.00–16.30, Do. 9.00–17.00, Fr 9.00–16.30 Uhr, Preis Pasta 10 €, Metro 1 Cordusio, Cairoli, 3 Missori

(35) Die Eisdiele **Ciacco. Il gelato senz'altro** wurde von Stefano gegründet, einem Chemiker, der aus einer Konditorenfamilie stammt. 2015 beschloss er, seiner Leidenschaft zu folgen, und gründete das Ciacco. In der Küche wird täglich Eis mit frischen Zutaten und ohne Zusätze zubereitet. Hier findest du spezielle Kombinationen wie Eis auf Basis von Honig oder Rum. Es ist eine der gehobeneren Eisdielen im Zentrum von Mailand. Auch Personen mit Laktose- oder Glutenunverträglichkeit haben hier große Auswahl.
Via Spadari 13, www.ciaccolab.it, Tel. 0239663592, Mo–Fr 8.00–20.00, Sa 12.00–20.00, So 14.00–20.00 Uhr, Preis Eis ab 2,50 €, Metro 1, 3 Duomo

(37) Die **Pescheria Spadari** ist das älteste und beliebteste Fischgeschäft von Mailand. Heute wird hier nicht mehr nur Fisch verkauft, du kannst hier im Bistro auch zu Mittag oder Abend essen. Such dir etwas aus der Speisekarte aus oder lass dich vom Chef überraschen, der den Fisch vor deinen Augen zubereitet.
Via Spadari 4, www.pescheriaspadari.eu, Tel. 02878250, Mo–Di 12.30–14.30 und 18.30–22.30, Mi–Sa 18.30–22.30 Uhr, Preis 18 €, Metro 1, 3 Duomo

SHOPPEN

(8) Bei **HUMANA Vintage** findest du italienische Kleidung, Accessoires und Schmuck aus den 1960er- bis 1990er-Jahren. Die Preise sind recht günstig. Wenn du hier etwas kaufst, machst du nicht nur dich selbst glücklich, sondern unterstützt auch die Stiftung HUMANA, die Dachorganisation. In Mailand gibt es noch zwei weitere Filialen: in der Via Cappellari (Centro) und Via Vigavano Navigli).
Via de Amicis 43, www.humanavintage.it, Mo–Sa 10.30–19.30, So 11.30–19.00 Uhr, Metro 2 Sant'Ambrogio

⑨ Kochbegeisterte müssen unbedingt zu **Kitchen**. Nicht nur wegen des Angebots im Laden mit Design-Quirls, Profi-Pfannen, wunderschönen Gadgets und (englischen) Kochbüchern. Auch weil hier viel mehr rund um das Thema „Kochen" organisiert wird: Regelmäßig finden Kochworkshops, Vorführungen des Chefs und Ausstellungen statt.
Via Edmondo de Amicis 45, www.kitchenmilano.it, Tel. 0258102849, Mo 15.30–19.30, Di–Sa 10.00–19.30 Uhr, Metro 2 Sant'Ambrogio

⑩ Innenarchitektin Cristina liebt geometrische Formen. Sie machte sich ans Werk und schuf das **Faithu lab**, ein Büro mit Arbeitsplatz und Laden. Hier stellt sie ihre Kreationen her und verkauft sie. Die Kollektion umfasst kleine Skulpturen, denen du ein schönes neues Zuhause geben kannst, Schmuck und Miniobjekte, die als Erinnerung an ein besonderes Ereignis wie eine Taufe oder Hochzeit dienen können.
Via Ausonio 7, Insta@faithu_lab, Tel. 3381672599, wechselnde Öffnungszeiten, Metro 2 Sant'Agostino

⑭ Bei **Biffi** sind mehrere italienische und internationale Modemarken unter einem Dach vereint. Hier findest du Kleidung und Accessoires unter anderem von Gucci, Fendi, Stella McCartney und Hogan für Damen und Herren. Nicht nur bekannte Designer, auch Newcomer sind vertreten. Die Kollektion bei Biffi ist für viele andere Ladenbesitzer wegweisend.
Corso Genova 6, www.biffi.com, Tel. 0283116052, Mo 15.00–19.30, Di–Sa 10.00–19.30 Uhr, Straßenbahn 2, 14 Genova-Res. Partigiana

⑮ Der bekannte italienische Laden **Coccinelle** verkauft Taschen, die einigermaßen erschwinglich sind. Hier erhältst du „normale" schwarze Taschen, in jeder Saison aber auch welche in hippen Modefarben. Die Modelle sind zeitlos, wenn du hier also ein Exemplar erwirbst, wird es dich lange begleiten. Neben Taschen gibt es passende Portemonnaies, Lederbänder und Handschuhe.
Corso Genova 6, www.coccinelle.com, Tel. 0289421347, Mo–Sa 10.00–14.00 und 15.00–19.00 Uhr, Metro 2 Sant'Ambrogio, Straßenbahn 2, 14 Genova-Ariberto

㉖ **Scout** ist der Laden für Streetwear. Der Laden erscheint klein, wenn man hereinkommt, läuft man aber hindurch, merkt man, wie groß er ist. Hier wird sich einen gewissen Luxus erlauben können. Gönn dir ein Eis, einen *Aperitivo* oder ein Dinner in einem der vielen Restaurants. Oder erkunde den **Mercato Comunale** auf der Piazza Wagner, deren Namen dieses Viertel trägt.

Einige Meter weiter stehst du am Eingang eines schönen Parks, in dem drei moderne Bürotürme und Luxuswohnungen stehen. Kunstliebhaber können im **CityLife** bei der kostenlos zu besichtigenden Artline auf ihre Kosten kommen.

WENIG ZEIT? DAS SIND DIE HIGHLIGHTS:
PARCO SEMPIONE + CASTELLO SFORZESCO + CHIESA DI SAN MAURIZIO AL MONASTERO MAGGIORE + CENACOLO VINCIANO *(DAS LETZTE ABENDMAHL)* + CITYLIFE

TIPPS
// Ein Muss für Fans von Leonardo da Vinci // Bewundere Gebäude berühmter Stararchitekten // Ideal zum Shoppen außerhalb des Zentrums

ARCO DELLA PACE, CORSO MAGENTA, WAGNER & CITYLIFE

1. Acquario Civico di Milano
2. Parco Sempione
3. Arena Civica
4. Arco della Pace
5. Torre Branca
6. La Triennale di Milano
7. Locanda alla Mano
8. Castello Sforzesco
9. Panini-Stand
10. Chiesa di San Maurizio al Monastero Maggiore
11. Museo Archeologico
12. Palazzo Litta
13. Tutto bene, grazie
14. Milan Icons
15. La Vigna di Leonardo / Casa degli Atellani
16. Cenacolo Vinciano
17. Joy Boutique
18. Nadine
19. Torrefazione Vercelli
20. Labitino Easy Chic
21. Buzzo Gioielli
22. Belfiore
23. Alla Fattoria Belfiore
24. Zelo21
25. Mercato Comunale
26. Gelateria Marghera
27. Orea Malia Milano
28. Casa Lucia / Bottega Lucia
29. Akkademia
30. Le Lunetier
31. PastiChéri
32. Io e Meg
33. La cantina di Franco
34. Casa Verdi
35. CityLife / Artline
36. Peck CityLife
37. GUD City Life

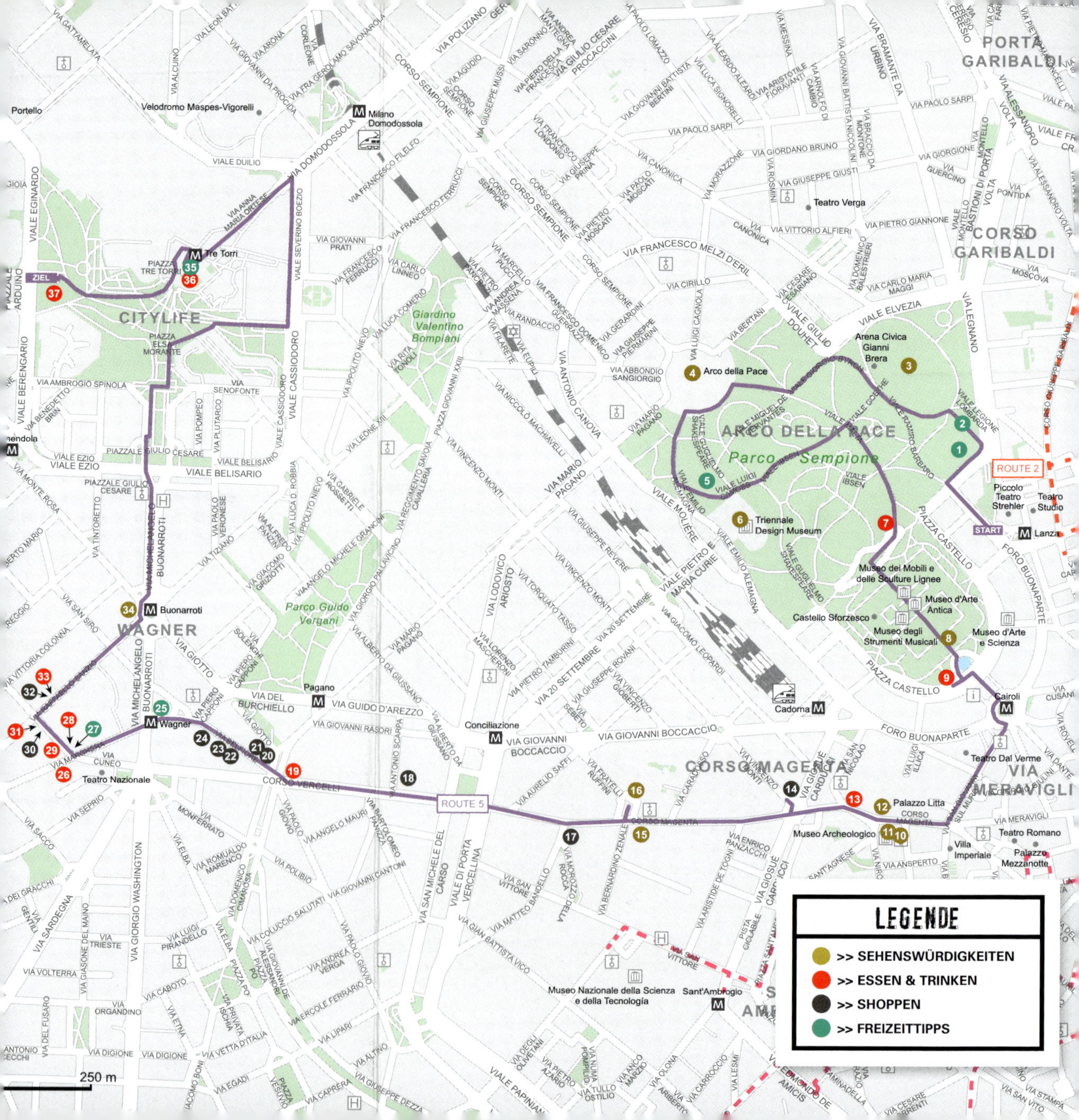

PORTA GARIBALDI
CORSO GARIBALDI
Portello
Velodromo Maspes-Vigorelli
Milano Domodossola
ZIEL
37
Piazza Tre Torri
Tre Torri
35
36
CITYLIFE
Piazza Elsa Morante
Giardino Valentino Bompiani
Teatro Verga
Arena Civica Gianni Brera
3
4 Arco della Pace
ARCO DELLA PACE
Parco Sempione
1
2
5
ROUTE 2
Piccolo Teatro Strehler
Teatro Studio
START
Lanza
6 Triennale Design Museum
7
Museo dei Mobili e delle Sculture Lignee
Museo d'Arte Antica
Castello Sforzesco
Museo degli Strumenti Musicali
8
Museo d'Arte e Scienza
9
Cadorna
Cairoli
Teatro Dal Verme
VIA MERAVIGLI
34 Buonarroti
WAGNER
Parco Guido Vergani
Pagano
Conciliazione
25
Wagner
33
32
31
30
29
28
27
26
24
23
22
21
20
19
18
Teatro Nazionale
ROUTE 5
CORSO MAGENTA
14
13
12 Palazzo Litta
16
15
17
Museo Archeologico
11
10
Villa Imperiale
Teatro Romano
Palazzo Mezzanotte
Museo Nazionale della Scienza e della Tecnologia
Sant'Ambrogio
Via Domodossola
Corso Sempione
Viale Elvezia
Foro Buonaparte
Corso Vercelli
Via Giovanni Boccaccio
Via Vincenzo Monti
Via Michelangelo Buonarroti
Viale Belisario
Viale Ezio
Via Francesco Melzi d'Eril
Via Paolo Sarpi
250 m
LEGENDE
>> SEHENSWÜRDIGKEITEN
>> ESSEN & TRINKEN
>> SHOPPEN
>> FREIZEITTIPPS

BESCHREIBUNG ROUTE 5 (ca. 8,3 km)

Beginn mit deiner Wanderung an der Metrostation Lanza. Besuch das Aquario Civico 1 und betritt danach den Parco Sempione 2. Im Auftrag von Napoleon Bonaparte wurden verschiedene Denkmäler errichtet 3 4. Durchquer den Park Richtung Schloss und blicke vom Torre Branca über die Stadt 5. Design-Liebhaber besuchen La Triennale di Milano 6. Still deinen Durst 7 und verbring etwas Zeit im Castello Sforzesco 8. Verlass den riesigen Komplex und gönn dir ein toll belegtes Panino 9. Am Verkehrskreisel bewunderst du die Statue von Guiseppe Garibaldi, dann geht es rechts in die Via San Giovanni sul Muro hinein. Am Ende dieser Straße gehst du auf die andere Seite und biegst rechts ab. Auf der Corso Magenta standen einst die römischen Stadtmauern. Jetzt siehst du hier eine prächtig dekorierte Kirche, das archäologische Museum und verschiedene Palazzi 10 11 12. Wenn du Appetit hast, kehrst du bei Tutto bene, grazie ein 13. Weiter geht es über die Corso Magenta. Bieg rechts in die Via Giosuè Carducci ein und direkt wieder links, um einen hübschen Laden zu besuchen 14. Geh zurück und nimm die Route auf der Corso Magenta wieder auf. Besuch eines der wichtigsten Werke von Leonardo da Vinci 15 16. Auf der Corso Vercelli herrscht an den Samstagnachmittagen ordentlich Trubel mit shoppenden Mailändern 17 18. Wenn du einen Kaffee brauchst, solltest du unbedingt Torrefazione besuchen 19. Bieg für noch mehr Shoppingspaß in die Via Belfiore ein 20 21. Hier gibt es tolle Schuhläden, einen Concept-Store und einen Laden mit fantastischem Käse und Salumi 22 23 24. An der Piazza Wagner befindet sich einer der lebendigsten überdachten Märkte von Mailand 25. Die Via Marghera ist unter anderem wegen der gleichnamigen Eisdiele bekannt 26. In der Via Ravizza kannst du dir die Haare schneiden lassen, gut essen und trinken oder eine originelle Brillenfassung kaufen 27 28 29 30 31. Bieg an der Kreuzung rechts in die Via R. Sanzio für weitere Shops und eine tolle Enoteca mit Küche ein 32 33. Wenn du das Haus von Verdi 34 besuchen möchtest, halte dich am Kreisverkehr links. Geh in Richtung des großen Springbrunnens weiter. Hier befand sich früher einer der Haupteingänge des ehemaligen Messegeländes. Im modernen CityLife kannst du im Park zur Ruhe kommen und Kunst bewundern. Mach unterwegs Fotos von den Gebäuden, entworfen von international bekannten Architekten. Beschließ deinen Shoppingtag im Einkaufszentrum oder genieß einen leckeren *Aperitivo* mit Blick auf die modernen Gebäude 35 36 37.

SEHENSWÜRDIGKEITEN

③ Die **Arena Civica** ist ein Amphitheater aus dem Jahr 1806. Es wurde im Auftrag von Napoleon Bonaparte errichtet, der hier seine Amtseinführung als König des italienischen Reichs mit simulierten Seeschlachten feierte. Heute wird die Arena hauptsächlich als Trainingsgelände für Athleten und Fußballer genutzt.
Via Legnano/Viale Elvezia, für die Öffentlichkeit nicht zugänglich, Metro 1 Cairoli, 2 Lanza, Moscova

④ Der stattliche, mit Marmor verkleidete Triumphbogen **Arco della Pace** schmückt einen der Zugänge des Parco Sempione. Der Bogen stammt aus dem Jahr 1807, wurde von Luigi Cagnola entworfen und war ursprünglich als Ehrenbezeugung für den Sieg Napoleons gedacht. Der Bau dauerte jedoch länger als die Herrschaft Napoleons. Erst 1838 wurde der Triumphbogen, damals Arco della Vittoria genannt, eingeweiht. Zwanzig Jahre später, während der Unabhängigkeitskriege, erhielt der Bogen seinen heutigen Namen.
Piazza Sempione, Metro 1 Cairoli, Straßenbahn 1, 10 Arco della Pace

⑥ **La Triennale di Milano** genießt viel Ansehen mit ihren Ausstellungen, Konferenzen und Lesungen über Design und Architektur. Ein Teil des Gebäudes wird für wechselnde Ausstellungen über italienisches Design genutzt. In anderen Teilen sind die Themen etwas breiter gefächert, mit Ausstellungen vor allem zu Grafikdesign, Fotografie, Architektur und Stadtplanung. Genieß nach dem Ausstellungsbesuch ein Getränk im Museumsgarten oder besuch das Restaurant **Terrazza Triennale** im Obergeschoss zum *Aperitivo* oder Abendessen. Das Küchenteam dieses Restaurants arbeitet unter der Leitung des Sternekochs Stefano Cerveni.
Viale Emilio Alemagna 6, triennale.org, Tel. 02724341, Di–So 10.30–20.30 Uhr, Preis Einzelausstellung 10 €, alle Ausstellungen 12 €, Metro 1, 2 Cadorna

⑧ In der zweiten Hälfte des 14. Jahrhunderts wurden die ersten Fundamente des **Castello Sforzesco** gelegt. Der Komplex hatte in erster Linie Verteidigungsfunktion. Etwa 100 Jahre später wurde das Schloss offizieller Sitz der Herzöge von Mailand. Nach der Vereinigung Italiens ging das Gebäude auf die Gemeinde Mailand über. Heute sind in ihm Museen unter anderem zur Geschichte der Region Lombardei untergebracht. Im ehemaligen Krankenhaus bewunderst du im

11

34

10

großen Innenhof das letzte, aber unvollendete Bild von Michelangelo. Auf diesem Platz finden im Sommer Open-Air-Konzerte statt.

Piazza Castello, www.milanocastello.it, Tel. 0288463700, Schloss tgl. 7.00–19.30, Museen Di–So 9.00–17.30 Uhr, Innenhof frei zugänglich, Museen 5 €, Metro 1 Cairoli, 2 Lanza

(10) Die **Chiesa di San Maurizio al Monastero Maggiore** wird auch als Sixtinische Kapelle von Mailand bezeichnet. Die Außenfassade ist zwar sehr einfach, einmal jedoch innen angelangt, versteht man, warum: Sämtliche Mauern und die Decke dieser Kirche sind mit Fresken aus dem 16. Jahrhundert geschmückt, unter anderem von Bernardino Luini und seinem Sohn Aurelio. Die Kirche ist zweigeteilt: Der erste Abschnitt an der Corso Magenta war den Gläubigen vorbehalten, während der hintere Bereich von den Nonnen des angrenzenden Klosters genutzt wurde, die in Abgeschiedenheit lebten. Sieh dir in diesem Teil das Fresko an, das die Geschichte der Arche Noah darstellt, und such nach den Einhörnern.

Corso Magenta 15, Tel. 028053972, Di–Sa 9.30–19.30 Uhr, Eintritt gratis, Metro 1, 2 Cadorna, Straßenbahn 16, 27 Magenta-Nirone

(11) Das **Museo Archeologico** wurde 1965 vom Castello Sforzesco an den heutigen Standort verlegt, in das Monastero Maggiore. Vom Garten des Gebäudes hast du einen guten Blick auf die Überreste der Stadtmauer aus dem 4. Jahrhundert. Die beiden Türme waren Teil dieser Stadtmauer und des Zirkus, später wurden sie als Glockenturm (der viereckige) und Kapelle (der mehreckige) genutzt. Nur wenige römische Monumente in Mailand befinden sich in einem so guten ursprünglichen Zustand.

Corso Magenta 15, www.museoarcheologicomilano.it, Tel. 0288465720, Di–So 9.00–17.30 Uhr, Eintritt 5 €, Metro 1, 2 Cadorna, Straßenbahn 16, 27 Magenta-Nirone

(12) Der **Palazzo Litta** wurde von 1642 bis 1648 für den Baron Arese erbaut, damals einer der mächtigsten Männer Mailands. Ende des 18. Jahrhunderts ging das Gebäude in den Besitz der Familie Litta über, die es in ein Waisenhaus verwandelte. Die Fassade stammt aus dem Jahr 1752 und ist eines der repräsentativsten Beispiele für den Barock in Mailand. Das Tor ist häufig geöffnet und dann kannst du einen Blick auf den Innenhof mit Säulen und Pfeilern erhaschen. Der Palazzo ist nicht für das Publikum geöffnet, aber während der Fuorisalone des Salone del Mobile kann man manchmal doch hinein.

Corso Magenta 24, nicht für die Öffentlichkeit zugänglich, Metro 1, 2 Cadorna, Straßenbahn 16, 27 Magenta-Nirone

(15) **La Vigna di Leonardo** kannst du in Kombination mit der **Casa degli Atellani** besuchen. Leonardo da Vinci erhielt diesen bescheidenen Vigna (Weinberg) 1498 von Ludovico Sforza, dem Herzog von Mailand und einem seiner wichtigen Auftraggeber, als Geschenk. Nach dem Tod des Künstlers geriet der Weinberg langsam in Vergessenheit. Im Vorfeld der Expo Milano 2015 beschloss man, ihn erneut zu bepflanzen. Das Museum hat einen Buchladen und ein hübsches Bistro.

Corso Magenta 65, www.vignadileonardo.com, Tel. 024816150, Di–So 9.00–18.00 Uhr, Eintritt 10 €, Metro 1 Conciliazione, 1, 2 Cadorna

(16) Das legendäre **Cenacolo Vinciano** ist vielleicht das am wenigsten zugängliche Denkmal von Mailand. Um *Das letzte Abendmahl* möglichst gut zu erhalten, wird nur eine beschränkte Anzahl Besucher eingelassen. Leonardo da Vinci schuf das Werk zwischen 1494 und 1497 im Refter (Speisesaal) des Klosters

Santa Maria delle Grazie. Es stellt den Moment dar, nachdem Jesus den Aposteln berichtet hat, dass einer unter ihnen ihn verraten hat. Das Fresko ist wegen des realistischen Ausdrucks der Apostel berühmt geworden. Viele Wochen im Voraus reservieren!

Piazza di Santa Maria delle Grazie 2, www.cenacolovinciano.net, Tel. 0292800360, Di–So 9.45–19.00 Uhr, Eintritt 15 € + 2 € Reservierungskosten (obligatorisch), Metro 1 Conciliazione, 1, 2 Cadorna

(34) Der Komponist Giuseppe Verdi hat immer behauptet, der Bau seines Hauses in Mailand sei sein bestes Werk gewesen. Er wünschte sich, dass es nach seinem Tod als Altenheim für Personen diente, die ihr Leben der Musik gewidmet hatten. Ein Besuch des **Casa Verdi** ist eine unvergleichliche Erfahrung, du musst jedoch einen Termin vereinbaren. Du tauchst in das Leben von Verdi ein und entdeckst viele Geschichten der Menschen, die in diesem Haus gelebt haben. Die Gräber von Verdi und seiner zweiten Frau können ohne Termin besichtigt werden.

Piazza Michelangelo Buonarroti 29, www.casaverdi.org, Tel. 024996009, Besichtigung Gräber tgl. 8.30–18.00 Uhr, Museum nur über Gruppenreservierung, Eintritt gratis, Metro 1 Buonarroti

ESSEN & TRINKEN

(7) Das **Locanda alla Mano** ist eine schöne Bar für eine Tasse Kaffee, ein leichtes Mittagessen oder eine Erfrischung am Nachmittag. Der Pavillon wurde 2015 vom Mailänder Designer Italo Rota entworfen. Es ist wegen der Hand, Mano, nicht zu übersehen. In der Bar sind Menschen mit Down-Syndrom beschäftigt, die hier die Möglichkeit der Teilhabe und Integration in die Gesellschaft erhalten.

Piazza del Cannone, FB locandaallamano, Tel. 3286568094, Mo–Fr 14.00–22.00, Sa–So 10.00–22.00 Uhr, Metro 1 Castello Cairoli, 2 Lanza

(9) Wenn du Lust auf einen warmen Snack hast, holst du dir am **Panini-Stand** links vom Brunnen am Castello Sforzesco ein Sandwich. Oft lässt die Qualität an diesen Ständen zu wünschen übrig, aber hier bekommst du tolle Sandwiches zum günstigen Preis.

Piazza Castello, tgl. 9.00–19.00 Uhr, Preis Panini 3 €, Metro 1 Cairoli

7

Lunch all afternoon

7

29

28

26

37
life
is
GüD

33

(13) **Tutto bene, grazie** ist ein schönes Bistro mit wechselnder Karte, auf der du typisch italienische und internationale Gerichte findest. Eine der wenigen Imbissgelegenheiten in diesem Viertel, bei denen das Preis-Qualitäts-Verhältnis stimmt.
Corso Magenta 30, FB tuttobenegraziebistromilano, Tel. 0284215056, Mo–Fr 7.30–23.00, Sa–So 8.30–23.00 Uhr, Metro 1, 2 Cadorna

(19) **Torrefazione Vercelli** ist eine Kaffeerösterei, wie es nur noch wenige gibt. Alles dreht sich um die Bohne und andere Produkte für schöne Kaffeemomente. Hier kannst du eine gute Tasse Kaffee beim Shoppen genießen oder frisch geröstete Bohnen kaufen, die dich zu Hause an deinen Mailandbesuch erinnern.
Via Francesco Cherubini 2, www.torrefazionevercelli.it, Tel. 0248005210, Mo–Sa 6.30–19.30 Uhr, Preis Espresso 1 €, Metro 1 Pagano oder Wagner

(26) Für ein Eis in einer der berühmtesten Eisdielen von Mailand musst du Geduld mitbringen. Vor allem abends ist es in der **Gelateria Marghera** sehr voll. Probier in der Saison das Feigeneis oder *Fior di latte*. Die Locals kaufen gern größere Mengen Eis, das nach dem Mittagessen oder abends als Dessert genossen wird.
Via Marghera 33, www.gelateriamarghera.it, Tel. 02468641, Mo–Do 11.00–0.00, Fr–So 11.00–0.30 Uhr, Preis Eis 2,90 €, Metro 1 De Angeli oder Wagner

(28) Das Restaurant **Casa Lucia** verdankt seinen Namen der Köchin Lucia, der Ehefrau des ersten Besitzers. Sie hat das Restaurant in den 1960er-Jahren populär gemacht. Hier kannst du traditionell italienisch essen und die *Tagliate* (Gerichte mit dünn geschnittenem Fleisch) sind ein Muss! Wenn du eine etwas informellere Atmosphäre magst, besuch die **Bottega Lucia** eine Tür weiter. In dieser American Bar wird den ganzen Tag über wunderbares Essen serviert, gern auch mit einem Glas Wein oder einem Cocktail.
Via Carlo Ravizza 2, www.ristorantecasalucia.it, Tel. 024986691, tgl. 12.00–14.45 und 19.00–1.00 Uhr, Preis 14 €, Metro 1 De Angeli oder Wagner

(29) Die Kneipe **Akkademia** ist immer gut besucht, misch dich unter die (junge) Nachbarschaft. Hier kannst du zwischen verschiedenen Biersorten wählen. Beim *Aperitivo* bekommst du tolle Häppchen zum Bier.
Via Carlo Ravizza 1, www.akkademiapub.it, Tel. 0239401555, Mo–Fr 12.00–15.00 und 18.00–2.00, Sa–So 18.00–2.00 Uhr, Preis Aperitivo 8 €, Metro 1 De Angeli oder Wagner

(31) Die **PastiChéri** gehört zu den wenigen guten Konditoreien in diesem Viertel. Hier gibt es bezahlbare *Brioches*, Törtchen und anderes wunderbares Gebäck. Alles im eigenen Laboratorio von einer der Konditorinnen zubereitet. Hier kannst du guten Kaffee mit einer süßen Leckerei genießen.
Via Carlo Ravizza 7, www.pasticheri.it, Tel. 0234930098, tgl. 7.30–19.30 Uhr, Metro 1 De Angeli oder Wagner

(33) **La Cantina di Franco** ist eine gut gefüllte Enoteca mit einer Superauswahl an ca. 3000 Weinen, Champagnern, Destillaten etc. Hier kannst du die Weine vor dem Kauf probieren. Beim *Aperitivo* erhältst du Snacks, die du auch im zugehörigen Laden kaufen kannst. Neben dem Laden befindet sich ein Bistro mit Auswahl aus klassischen Gerichten der italienischen, französischen und spanischen Küche.
Via Raffaello Sanzio 16, www.lacantinadifranco.it, Tel. 0243983048, tgl. 10.00–1.00 Uhr, Preis 16 €, Metro 1 De Angeli oder Wagner

(36) Die bekannteste Filiale dieses Geschäfts liegt einen Steinwurf entfernt vom Duomo, aber ein Besuch bei **Peck CityLife** lohnt sich auf jeden Fall auch. Das Restaurant ist stilvoll und modern eingerichtet, etwas schwellenfreier als die Filiale im Zentrum. Nimm hier ein Mittagessen oder den *Aperitivo* mit Aussicht auf die modernsten Bauwerke der Stadt ein.
Piazza Tre Torri, www.peck.it, Tel. 0236642660, Di–So 11.30–15.00 und 17.00–20.00 Uhr, Metro 1 Amendola, 5 Tre Torri

(37) GUD heißt eine kleine Restaurantkette, die Mailand im Sturm erobert. Eine der schönsten Filialen ist **GUD City Life**. Hier bist du (im Sommer) den ganzen Tag an der richtigen Adresse, vor allem aber für ein Mittagessen oder zum *Aperitivo*. Bei Ankunft meldest du dich an der Kasse, gibst deine Bestellung auf und bezahlst. Getränke holst du an der Bar ab, danach suchst du dir einen schönen Sitzplatz. Wenn das Essen fertig ist, wirst du benachrichtigt. Von deinem bequemem Platz schaust du an einer Seite auf drei moderne Bürotürme nach Entwürfen bekannter Architekten. Auf der anderen Seite liegt der wunderschöne Garten Orti Fioriti.
Piazzale Arduino 1, www.gudmilano.com/gud-city-life.asp, Tel. 3519393770, tgl. 12.00–21.00 Uhr, Preis Aperitivo ab 10 €, Metro 1 Amendola, 5 Tre Torri

SHOPPEN

⑭ Bei **Milan Icons** werden originelle Souvenirs verkauft, die vom Ladenbesitzer Fabio Meroni illustriert wurden. Wie der Name des Geschäfts andeutet, spielen die Symbole der Stadt wie der Duomo, das Castello, die Bosco Verticale und andere moderne Gebäude hier die Hauptrolle. Stöber in Ruhe in den Ansichtskarten, Textiltaschen, Notizbüchern und anderen Must-haves.

Via Vincenzo Monti 2, www.milanicons.com, Tel. 0249460579, Di–Fr 10.00–14.00 und 16.00–19.00, Sa 10.00–19.00 Uhr, Metro 1 Cairoli

⑰ In dieser schicken Straße, die größtenteils im Zeichen von Denkmälern in Verbindung mit Leonardo da Vinci steht, befindet sich auch die **Joy Boutique**. Hier bekommst du Schmuck, Mode aus Kaschmir und Seide, Wäsche und Accessoires. Hier kannst du auch Kleidungsstücke kaufen, die gut mit anderen aus deinem Schrank kombinierbar sind, oder einen echten Eyecatcher erwerben.

Via Matteo Bandello 1, Insta@joyboutiquemilano, Tel. 0222229741, Mo 15.00–19.00, Di–Sa 10.30–19.00 Uhr, Metro 1 Conciliazione, 1, 2 Cadorna

23

24

30

32
Il giardino
più romantico del mondo
NINFA

(18) Die Designerin **Nadine** hat Mailand mit ihrer relativ preiswerten Modekollektion für Damen erobert. Hier findest du stilvolle Mode, die für Geschäftsmeetings und Freizeit geeignet ist. Der Laden hat eine sehr zurückhaltende Einrichtung, die den Blick auf die farbenfrohe Kleidung lenkt. Außer Kleidung gibt es tolle Accessoires wie Schuhe, Gürtel und Taschen.

Corso Vercelli 8, www.nadinefashiongroup.it, Tel. 0243510306, Mo 13.00–19.30, Di–Sa 9.30–19.30, So 15.00–19.30 Uhr, Metro 1 Wagner

(20) Suchst du nach einem originellen, bezahlbaren und gut sitzenden Kleid? Dann bist du bei **Labitino Easy Chick** genau richtig. Hier gibt es nämlich ausschließlich Kleider und immer nur wenige eines Modells. So bekommst du auf jeden Fall etwas Originelles.

Via Cherubini 3, FB labitinoeasychic, Tel. 024989586, Mo–Sa 10.30–14.30 und 15.30–19.30 Uhr, Metro 1, 2 Cadorna

(21) Bei **Buzzo Gioielli** kannst du wunderschönen Schmuck erwerben. Der sehr kleine Laden bietet eine umfassende Auswahl; wenn du jedoch nicht findest, wonach du suchst, kannst du hier auch Stücke nach eigenen Entwürfen anfertigen lassen. Sie arbeiten mit Steinen in vielen Farben und du kannst zwischen massivem Gold oder vergoldetem Silber wählen.

Via Belfiore 6a, www.buzzogioielli.it, Tel. 0248006489, Di–Sa 10.00–13.00 und 15.00–19.00 Uhr, Metro 1 Pagano oder Wagner

(22) **Belfiore** ist ein Schuhgeschäft, das traditionell gefertigte Herrenschuhe verkauft. Männer, die den klassischen Stil lieben und Schuhe zum Anzug oder Smart-Casual-Look suchen, sind hier an einer guten Adresse.

Via Belfiore 9, www.calzaturebelfiore.com, Tel. 02468042, Mo 14.30–19.30, Di–Fr 9.45–19.30, Sa 9.45–19.00 Uhr, Metro 1 Pagano oder Wagner

(23) Seit Jahren besuchen die Anwohner der Piazza Wagner für Käse und Fleischwaren den Laden **Alla Fattoria Belfiore**. Leckere regionale Käsesorten sind Stracchinio (Weichkäse) und Piccantini (reifer, würziger Schafskäse). Nimm für zu Hause unbedingt auch etwas Salumi (Wurst) mit.

Via Belfiore 11, Tel. 0248000566, Mo 16.00–19.30, Di–Sa 8.30–13.00 und 16.00–19.30 Uhr, Metro 1 Pagano oder Wagner

(24) **Zelo21** ist ein Concept-Store mit Wohnaccessoires, Mode und Büchern. Die Kollektion umfasst hauptsächlich skandinavisch beeinflusstes Design. Die Preise sind recht fair, deshalb kann man hier gut nach einem Mitbringsel stöbern.
Via Belfiore 15, www.zelo21.com, Tel. 0287176528, Di–Fr 9.00–12.30 und 14.00–17.30 Uhr, Metro 1 Wagner

(30) **Le Lunetier** ist ein toller Optiker mit einer besonderen Kollektion (Sonnen-) Brillen. Die meisten hier erhältlichen Gestelle wurden von unabhängigen Brillendesignern entworfen und sind in limitierter Auflage erhältlich. Deshalb der ideale Stopp, wenn du mit einem einzigartigen Gestell nach Hause fahren möchtest.
Via Carlo Ravizza 7, www.lelunetiermilano.it, Tel. 0243982683, Mo–Sa 10.00–19.30 Uhr, Metro 1 De Angeli oder Wagner

(32) **Io e Meg** ist eine Boutique mit einer Auswahl verschiedener Produkte: Mode, viel Schmuck unabhängiger Designer (meist Italiener, einige Franzosen), Parfüm, Bücher und andere Accessoires. Die Atmosphäre erinnert an ein französisches Antiquitätengeschäft.
Via Raffaello Sanzio 16, FB ioemegstores, Tel. 0223174853, Mo–Sa 10.00–14.00 und 15.00–19.00 Uhr, Metro 1 De Angeli oder Wagner

FREIZEITTIPPS

(1) Das **Acquario Civico di Milano** am Rand des Parco Sempione wurde anlässlich der Weltausstellung 1906 errichtet. Es ist das zweitälteste Aquarium von Europa mit Sitz in einem herrlichen Art-Nouveau-Gebäude. Die Fassade wurde von 2003 bis 2006 in alter Pracht wiederhergestellt, die Innenräume sind komplett modernisiert. Das Aquarium ist nicht groß, aber die halbe Stunde für einen Besuch lohnt sich auf jeden Fall.
Viale Gadio 2, www.acquariodimilano.it, Tel. 0288465750, Di–So 9.00–17.30 Uhr, Eintritt 5 €, Metro 2 Lanza

(2) Der **Parco Sempione** ist im englischen Stil mit vielen Teichen, Bäumen, Schattenplätzen und romantischen Wegen gestaltet. Unternimm hier einen schönen Spaziergang und erhol dich auf einer der Bänke. Teil des Parco Sempio-

PORTA ROMANA, DATEO & PORTA VENEZIA

1. Fondazione Prada
2. Bar Luce
3. Un Posto a Milano
4. Mercato Porta Romana
5. Pastamadre
6. Porta Romana
7. QC Termemilano
8. Gelateria Porta Romana
9. Pavé Break
10. Ombra
11. Ciasmo
12. Gli Orti del Belvedere
13. La Bettola di Piero
14. Open
15. Dhole
16. Panificio Davide Longoni
17. Bagni Misteriosi
18. ZU-ZU' lab
19. Les Hommes
20. Mom Cafè
21. Gioielli Rossini
22. Ernst Knam
23. La Casa de Pepa
24. Streetart Milo
25. Mercato del Suffragio
26. Chiesa di Santa Maria del Suffragio
27. Bottega Velasca
28. Da Giacomo
29. Quadrilatero del Silenzio / Villa Necchi Campiglio
30. Notthingham Forest
31. Zàini Milano
32. Casa Galimberti
33. Out of the Box
34. The Loft Shop
35. Quattro Quarti Torte
36. Bivio
37. East Market SHOP
38. V3raw

Mach einen kleinen Abstecher in das **Quartiere del Silenzio**, ein ruhiges Viertel, das zu Beginn des letzten Jahrhunderts von begüterten Industriellen erbaut wurde. Ein Großteil dieser Palazzi ist im Jugendstil gestaltet.

Auch der letzte Teil dieser Route steht im Zeichen atmosphärischer Straßen. Rund um die **Porta Venezia** gibt es eine große Auswahl an Gastronomie, vom eritreischen Restaurant bis zum französischen Bäcker.

WENIG ZEIT? DAS SIND DIE HIGHLIGHTS:
FONDAZIONE PRADA + BAR LUCE + MERCATO PORTA ROMANA + STREETART MILO + OUT OF THE BOX

TIPPS

// Unbedingt unternehmen, wenn du schon häufiger in Mailand warst // Bewundere die Gebäude der Fondazione Prada // Für Radfahrer geeignet

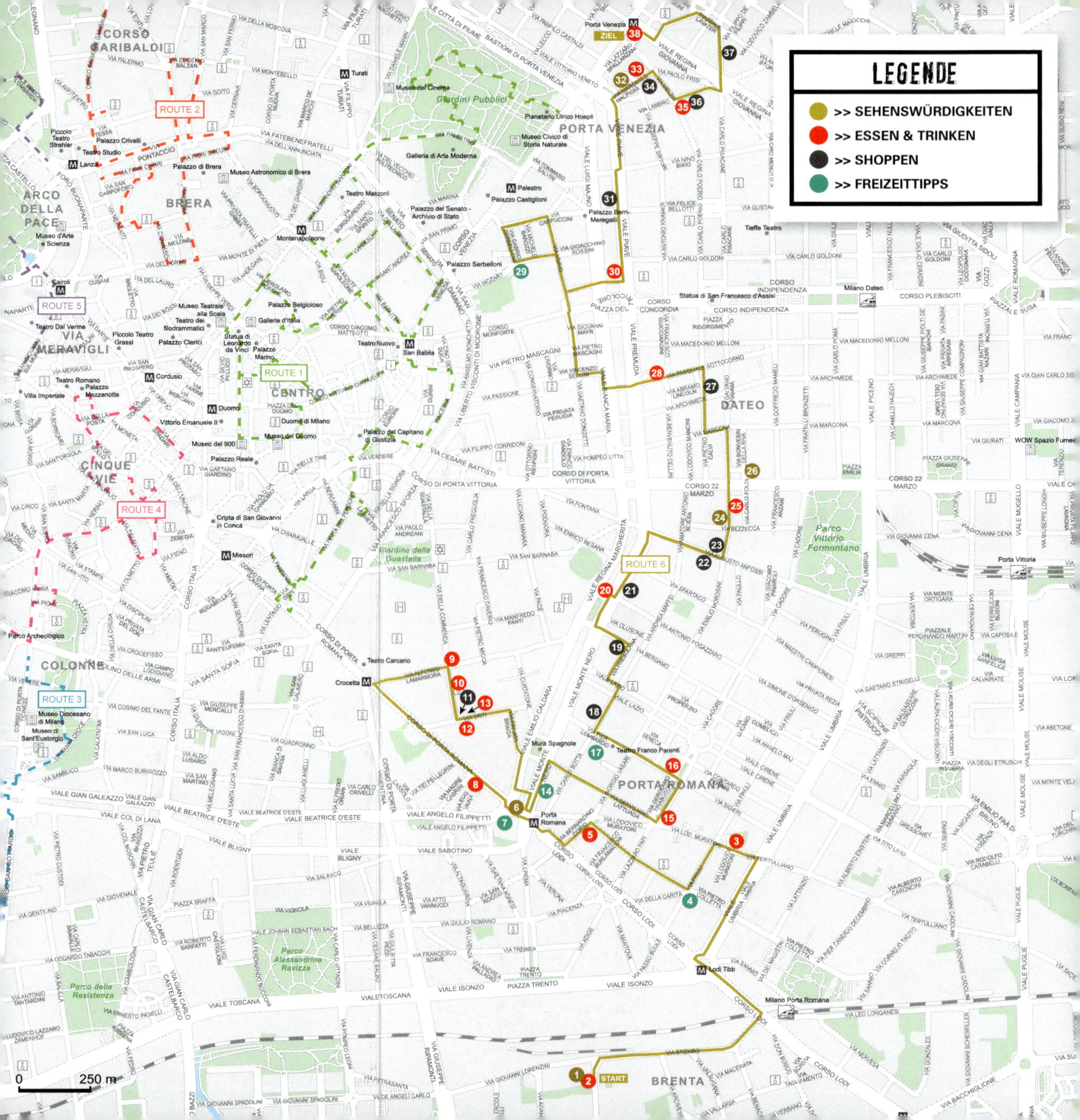

LEGENDE
>> SEHENSWÜRDIGKEITEN
>> ESSEN & TRINKEN
>> SHOPPEN
>> FREIZEITTIPPS
CORSO GARIBALDI
BRERA
ARCO DELLA PACE
VIA MERAVIGLI
CENTRO
CINQUE VIE
COLONNE
PORTA VENEZIA
DATEO
PORTA ROMANA
BRENTA
ROUTE 1
ROUTE 2
ROUTE 3
ROUTE 4
ROUTE 5
ROUTE 6
ZIEL
START
Giardini Pubblici
Giardino della Guastalla
Parco Vittorio Formentano
Parco Alessandrina Ravizza
Parco della Resistenza
Porta Venezia
Porta Romana
Lodi Tibb
Milano Porta Romana
Milano Dateo
Porta Vittoria
Crocetta
Duomo
Duomo di Milano
San Babila
Missori
Cordusio
Montenapoleone
Turati
Palestro
Lanza
Cairoli
0
250 m

BESCHREIBUNG ROUTE 6 (ca. 10,6 km)

Beginn deine Tour an der Metrostation Brenta und lauf zum Fondazione Prada 1. Vergiss nicht, die Bar Luce 2 zu besuchen. Geh zurück zur Corso Lodi, über die Kreuzung und rechts in die Via Umbria. In der zweiten Straße rechts kannst du gut essen 3. Besuch den Markt auf der Via Friuli 4. Geh zurück zur Kreuzung und links in die Via P. Colletta. Am Ende gehst du links 5. Jetzt rechts über die Corso Lodi zur Porta Romana 6. Hier kannst du im Thermalwasser relaxen 7. Am oberen Ende der Straße gönnst du dir ein Eis 8. Weiter zum Largo Crocetta und dann rechts in die Via A. Lamarmora. An der Kreuzung links liegt die Cafeteria Pavé Break 9. Bieg rechts in die Via della Commenda ein 10 11. In der Via Orti findest du tolle Restaurants 12 13. Geh nach rechts in die Via Privata Braida, sodass du auf der Viale Emilio Caldara herauskommst. Halte dich rechts und geh hinüber in die Via Sassoferrato. Geh nochmals rechts, überquer die Straße und bieg links in die Viale Monte Nero 14 ein. Auf der Via S. Lattuada gehst du bis zum Kreisverkehr an der Via G. Tiraboschi. Schlendere diese hinunter, reservier einen Tisch bei Dhole oder geh Mittag essen 15 16. Von hier gehst du ein Stück zurück und in die Via Pier Lombardo 17. Geh rechts über die Via Botta 18. Am oberen Ende der Viale Lazio gehst du links und direkt wieder in die erste rechts, die Via Presolana. An deren Ende rechts in die Via Bergamo 19. Auf der Viale Monte Nero gehst du wieder rechts 20 21. Weiter geht es bis zur Via A. Anfossi, dort dann nach rechts 22 23. An der Kreuzung gehst du links. Bewundere das Werk von Milo, besuch einen Markt oder die Kirche 24 25 26. Lauf weiter auf der Via G. Fiamma und bieg an der Via Marcona links ab. In der Via P. Calvi kannst du traditionelle Schuhe kaufen 27. Die Via Sottocorno wird vom Da Giacomo dominiert 28. Überquer zwei große Straßen und bieg in die Via Bellini ein, dort wieder rechts in die Via G. Donizetti. Diese geht in die Via Vivaio über. Bieg rechts in die Via Mozart ein 29. Über die Via Serbelloni erreichst du die Via Cappuccini, wo seit Generationen eine Flamingofamilie lebt. Wende dich nach rechts, zurück über die Via Vivaio und links in die Via Pindemonte. Jetzt hast du dir etwas Leckeres verdient 30 31. Setz deine Tour in der Viale Piave fort. Bieg rechts in die Via Malpighi ein und bewundere die Jugendstilfassaden 32 33 34. Geh rechts in die Via Melzo für noch mehr Süßigkeiten oder Second-Hand-Mode 35 36. Überquer die Piazza VIII Novembre in Richtung Via B. Ramazzini 37. Jetzt links und wieder links in die Via A. Caldamoste. Überquer die verkehrsreiche Straße und lade dich mit gesunden Kalorien wieder auf 38.

SEHENSWÜRDIGKEITEN

① Die **Fondazione Prada** ist ein Museum für zeitgenössische Kunst. Es befindet sich in einer alten Destillerie, die vom niederländischen Architekten Rem Koolhaas in einen einzigartigen Ausstellungsraum für die Kunstsammlung von Patrizio Bertelli und Miuccia Prada umgestaltet wurde. Hier kannst du Werke großer Namen wie Roy Lichtenstein, Jeff Koons und Damien Hirst betrachten. Auf dem ehemaligen Fabriksgelände befinden sich sieben verschiedene Gebäude: alte Kornsilos und Lagerhäuser, aber auch drei neue Kreationen von Koolhaas. Am auffallendsten ist das mit Blattgold verkleidete Haunted House, aber auch das Kino aus Edelstahl ist ein Eyecatcher.

Largo Isarco 2, www.fondazioneprada.org, Tel. 0256662611, Mo, Mi–Do 10.00–19.00, Fr–So 10.00–21.00 Uhr, Eintritt 10 €, Metro 3 Lodi, Bus 65 Largo Isarco

⑥ Die **Porta Romana** stammt aus dem Jahr 1598, als die Spanier in Mailand noch das Sagen hatten. Das Stadttor war Bestandteil der spanischen Stadtmauer. Es wurde errichtet, als die künftige Braut des spanischen Königs Philipp III., die 14-jährige Margarete von Österreich, Mailand besuchte. Zu Ehren der Baronin sind am Bogen zwei offene Muscheln dargestellt. Jede enthält eine Perle, die lateinische Bedeutung des Namens Margarete. Am Bauwerk wurde nach dem Ersten Weltkrieg eine Tafel zu Ehren eines Teils der Mailänder Opfer dieses Kriegs angebracht.

Piazzale Medaglie d'Oro, Metro 3 Porta Romana

㉔ In Mailand findet **Streetart** immer mehr Aufmerksamkeit, nicht nur in „ärmeren" Vierteln oder Industriegebieten. Der Streetart-Künstler **Milo** erhielt den Auftrag für dieses Wandbild im sogenannten Giardino delle Culture. Zu den wichtigsten Charakteristika seines Werks zählt, dass er hauptsächlich in Schwarz Weiß malt, ein Element jedoch durch die Verwendung einer grellen Grundfarbe hervorhebt. Die Werke an dieser Stelle tragen die Namen Heart Slingshot (links) und Love Seeker.

Via Emilio Morosini 8, Straßenbahn 12, 27 S. M. del Suffragio

㉖ Am Ende des 16. Jahrhunderts war das hier ländlicher Raum. Es gab einige Bauernhöfe und eine Kirche, die zusammen den Weiler Calvairate bildeten. Als die Pest 1577 in Mailand ausbrach, flüchteten viele Einwohner in der Hoffnung

1
don't miss this

1

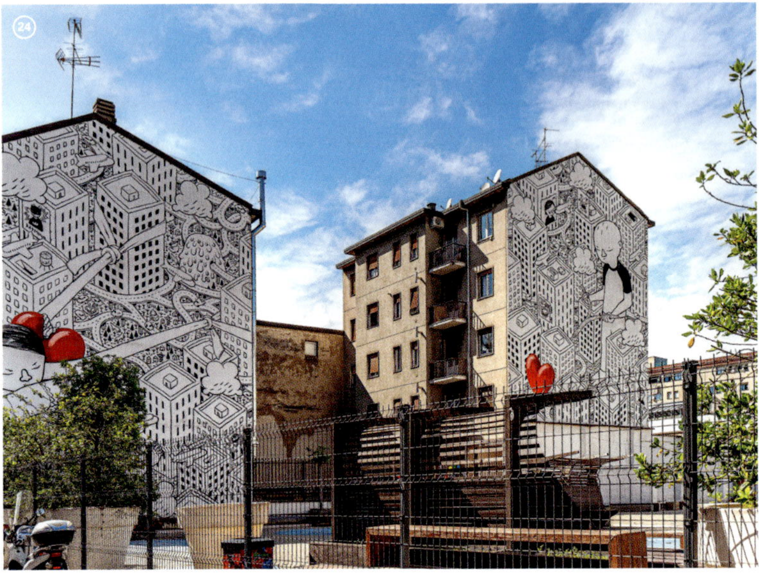

hierher, der Krankheit zu entgehen. Die heutige **Chiesa di Santa Maria del Suffragio** wurde Ende des 19. Jahrhunderts erbaut, als die Bevölkerung im Viertel immer weiter anwuchs und Bedarf an einem Ort bestand, um die Gläubigen zu empfangen. Trotz des jüngeren Baudatums der Kirche ist sie reich geschmückt. Auf dem Platz an der Kirche wird jeden Samstagmorgen ein Bauernmarkt organisiert.

Corso Ventidue Marzo 23, www.suffragio.it, Straßenbahn 12, 27 Piazza S. M. del Suffragio

(32) Anfang des 20. Jahrhunderts hatte Mailand seine Bezeichnung als Industriehauptstadt Italiens manifestiert. Die Mailänder Bourgeoisie wollte ihren Reichtum zeigen und ließ große Villen und Condomini im Jugendstil entwerfen und bauen. In Mailand hieß das vor allem, dass Fassaden mit Tieren und Formen aus dem Pflanzenreich verziert wurden. Eines der ersten Gebäude aus dieser Periode ist die **Casa Galimberti**, einzigartig wegen der Keramikfliesen an der Fassade.

Via Malpighi 3, Metro 1 Porta Venezia

ESSEN & TRINKEN

② Die **Bar Luce** ist Bestandteil des Komplexes Fondazione Prada. Die Bar wurde von Regisseur Wes Anderson entworfen und der Stil seiner kitschigen Filmkulissen ist klar erkennbar. Hier werden herrliche Panini und Torten serviert. Die Anzahl der Sitzplätze ist beschränkt, am Wochenende musst du eventuell auf einen Tisch warten.

Largo Isarco 2, www.fondazioneprada.org/barluce, Tel. 0256662611, Mo, Mi, Do 9.00–21.00, Fr–So 9.00–22.00 Uhr, Preis Panini 6,50 €, Metro 3 Brenta

③ **Un Posto a Milano** serviert traditionelle Gerichte mit lokalen Zutaten. Auch sehr schön wegen des hübschen grünen Gartens, in dem dich Obstbäume und ein Orto (Gemüsegarten) aufs Land versetzen. Regelmäßig werden Aktivitäten in und um die Cascina (Bauernhaus) organisiert, z. B. dienstags und samstags ein Bauernmarkt sowie einmal im Monat ein Markt für allerlei handgefertigte Produkte.

Via Cuccagna 2, www.unpostoamilano.it, Tel. 025457785, tgl. 9.00–23.00 Uhr, Preis 16 €, Metro 3 Porta Romana oder Piazzale Lodi

⑤ Bei **Pastamadre** verzehrst du frisch gemachte Pasta auf hohem Niveau. Die Einrichtung ist „casual chic" und dieses Konzept spiegelt sich auch in Speisekarte und Personal wider: Professionalität in informeller Atmosphäre. Hier bist zu für ein gutes Mittagessen oder ein romantisches Dinner mit Pasta in der Hauptrolle an der richtigen Adresse.

Via Bernardino Corio 8, www.pastamadremilano.it, Tel. 0255190020, Mo–Sa 12.00–14.30 und 19.00–23.00, So 12.00–14.30 Uhr, Metro 3 Porta Romana

⑧ In Mailand wimmelt es von Eisdielen, aber nicht überall ist die Qualität gleich hoch. Im Viertel Porta Romana ist die **Gelateria Porta Romana** ein Muss. Hier bekommst du fantastisches Speiseeis in vielen Geschmacksrichtungen. Auch veganes Eis mit Aromen wie Pistazie, Haselnuss, Mandel, Schokolade und Stracciatella ist im Angebot.

Corso di Porta Romana 126, www.gelateriaportaromana.it, Tel. 0294390580, tgl. Sommer 11.00–0.00, Winter 11.00–22.00 Uhr, Preis Eis 3 €, Metro 3 Porta Romana

⑨ Pavé ist eine Konditorei, die 2012 durch drei junge Konditoren mit Leidenschaft für gute Produkte gegründet wurde. Sie waren sofort erfolgreich und ihr erstes Geschäft wurde zum Hotspot im Viertel Porta Venezia. Die Panettone von Pavé sind schon Wochen vor Weihnachten ausverkauft. Mittlerweile betreiben sie mehrere Filialen in Mailand, darunter **Pavé Break**. Bestell einen Cappuccino mit hausgemachter Torte oder such dir eines der fantastischen *Panini* aus.

Via della Commenda 25, www.pavemilano.com, Tel. 0237905492, tgl. 8.00–0.00 Uhr, Metro 3 Crocetta

⑩ Das **Ombra** ist ein cooles, gleichzeitig aber edles Restaurant, das Gerichte vom Grill und aus dem Holzofen serviert. Der Chef verarbeitet speziell von ihm ausgewählte Zutaten, vorzugsweise der Saison entsprechend, und alle Gerichte werden mit passendem Wein serviert. Der ideale Ort für einen entspannten Abend mit dem oder der Liebsten oder im Freundeskreis.

Via della Commenda 35, www.ombrarestaurant.com, Tel. 0221061515, tgl. 19.30–0.00 Uhr, Metro 3 Crocetta

⑫ Bei **Gli Orti del Belvedere** kannst du herrlichen Fisch und Gemüse verspeisen. Zu diesen Gerichten trinkst du ein schönes Glas Wein ausgesuchter italienischer *Cantine*: von den bekanntesten Weingütern bis zu kleinen Produzenten, die jährlich eine beschränkte Menge biologisch-dynamischer Weine herstellen. Das Restaurant hat einen großen Innenhof.

Via Orti 10, www.gliortidelbelvedere.it, Tel. 0249781425, Mo–Mi 19.00–23.00, Do–Sa 12.00–15.00 und 19.00–0.00 Uhr, Preis 20 €, Metro 3 Crocetta

⑬ Im Restaurant **La Bettola di Piero** genießt du die Mailänder *Casalinga*-Küche (Hausmannskost). Die Einrichtung ist ansprechend einfach und heimelig. Frag nach dem Tagesgericht oder nimm im Winter *Risotto alla Milanese con Ossobuco*. In diesem Restaurant ist auch die *Cotoletta Milanese* empfehlenswert. Ein typisches Mailänder Gericht, vergleichbar mit einem Wiener Schnitzel.

Via Orti 17 FB labettoladipiero, Tel. 0255184947, Mo–Fr 12.00–15.00 und 20.00–0.00, Sa 12.00–0.00 Uhr, Preis Probiermenü 45 €, Metro 3 Crocetta oder Porta Romana

⑮ Wenn du dich in futuristischer Umgebung wähnen möchtest, solltest du das **Dhole** besuchen. Ein hippes, stilvoll eingerichtetes Restaurant, das Gerichte der

35

15

20

33
OUT OF THE BOX

33

15

38
100% BIOLOGICO | ORGANIC
ONLY FROM ORGANIC PLANTATIONS
GOLDEN MILK bio
COCCO CACAO LATTE
CHAI LATTE bio
TEA MATCHA bio
MATCHA LATTE bio
BLACK TEA - GREEN TEA INFUSIONS bio
PINK LATTE bio

16
CEREALI ANTICHI

13
CHIUSO
DOMENICA

asiatischen Küche mit Qualität serviert. Liebhaber besonderer Cocktails sind hier auch richtig! Probier z. B. den Therevada, einen Cocktail auf Basis von Thai Fried Gin, oder den Moon Garden mit Wodka und einem Spritzer Jasmin.
Via Gerolamo Tiraboschi 2, www.dhole.it, Tel. 3453503133, Mo–So 7.30–2.00 Uhr, Preis 25 €, Metro 3 Porta Romana

(16) Vor etwa zehn Jahren entstand in Mailand der Trend unter Bäckern, Sauerteig zu backen und zu verkaufen. Dieses Geschäft, **Panificio Davide Longoni**, zählte zu den ersten, die dabei waren. In seinem ersten Laden in Mailand kannst du wunderbar frühstücken, lecker zu Mittag essen oder einen (frühen) *Aperitivo* genießen. Drinnen ist es klein, aber der Garten, im Winter umgebaut zum Wintergarten, bietet ausreichend Platz.
Via Gerolamo Tiraboschi 19, www.davidelongoni.com, Tel. 0291638069, Mo 8.00–15.00, Di–Sa 8.00–19.00, So 8.30–13.30 Uhr, Metro 3 Porta Romana

(20) Das **Mom Cafè** ist ein gemütlichen No-Nonsense-Café, in dem Rockmusik aus den Boxen dröhnt und Abstandhalten nicht selbstverständlich ist. Die *Aperitivo*-Preise sind mehr als fair für das, was du alles dafür erhältst.
Viale Monte Nero 51, Insta@mom.cafe.milano, Tel. 0259901562, Mo–Sa 18.00–0.45 Uhr, Preis Aperitivo 7 €, Straßenbahn 9 Monte Nero

(25) Der **Mercato del Suffragio** ist einer der ehemaligen Mercati Comunali in Mailand, auf dem du einkaufen (es gibt vier „Stände") und Kaffee, Mittagessen oder Dinner genießen kannst. Bis vor zehn Jahren war es ein normaler überdachter Markt, auf dem die Anwohner ihre täglichen Einkäufe erledigten. Nachdem immer mehr Markthändler ihre Mietverträge kündigten, beschloss die Gemeinde, nach einem neuen Betreiber Ausschau zu halten. Der Markt hat danach eine kräftige Renovierung durchlaufen und spricht jetzt ein völlig anderes Publikum an, das auf der Suche nach qualitativem Essen ist und dafür entsprechend zahlt.
Piazza Santa Maria del Suffragio, 2, mercatodelsuffragio.it, Tel. 0255184461, Di–Mi 8.00–15.00, Do–Fr 8.00–22.00, Sa 8.30–22.00, So 9.00–22.00 Uhr, Straßenbahn 12, 27 Piazza S. M. del Suffragio

(28) **Da Giacomo** dominiert in diesem Teil der Via Sottocorno. Die Trattoria und die Pasticceria liegen nur wenige Schritte voneinander entfernt. Vor allem das

Restaurant ist sehr beliebt bei Mailändern und Touristen mit einem etwas dickeren Portemonnaie. Wenn du mit einem kleineren Budget unterwegs bist: Probier auf jeden Fall ein Frühstück mit wunderbaren Croissants von Giacomo.
Via Pasquale Sottocorno 5, www.giacomomilano.com, Tel. 0276319147, Di–Sa 8.00–20.00, So 8.00–14.00 Uhr, Preis Espresso 1,10 €, Straßenbahn 9, 19 Via Sottocorno

(30) Das **Nottingham Forest** ist eine beliebte Cocktailbar in der geselligen Viale Piave. Sie war eine der ersten Bars, die mit dem Mixen molekularer Cocktails begann, was für instagramwürdige Fotos sorgte. Wunder dich nicht, wenn die Schlange bis vor die Tür reicht, die Bar ist megabeliebt.
Viale Piave 1, www.nottingham-forest.com, Tel. 02798311, Di–Sa 18.30–2.00, So 18.00–1.00 Uhr, Preis Cocktail ab 9 €, Straßenbahn 9, 19 Piazza del Tricolore

(33) **Out of the Box** ist eine Eisdiele in einer unbekannteren, aber gemütlichen Straße in der Nähe der Porta Venezia. Hier wird Eis aus unverfälschten Zutaten und oft mit besonderem Aroma zubereitet. Wenn du dich nicht entscheiden kannst, nimm einfach „the box", gefüllt mit sechs Geschmacksrichtungen.
Via Malpighi 7 FB outofthebox.gelato, Tel. 0236637300, Mo–Do, So 9.00–22.00, Fr–Sa 12.00–23.00 Uhr, Preis Eis 2,80 €, the box 5,50 €, Metro 1 Porta Venezia

(35) Die Besitzerin Elena war bis vor wenigen Jahren fest angestellt, entschied sich jedoch, diese Sicherheit aufzugeben, um ihrer Leidenschaft zu frönen. Jetzt backt sie jeden Tag süße und manchmal herzhafte Torten. Bei **Quattro Quarti Torte** kannst du eine ganze Torte oder ein Stück davon kaufen. Lecker direkt zum Kaffee oder Tee. Oder einfach für später mitnehmen!
Via Melzo 22, www.quattroquartitorte.it, Tel. 0289680552, Di–Do 9.00–12.30 und 13.30–19.30, Fr 9.00–12.30 und 14.15–19.30, Sa 9.00–13.00 und 16.00–19.00 Uhr, Preis Stück Torte 5 €, Metro 1 Porta Venezia

(38) **V3raw** ist eine Healthy Bar, in der du wunderbar gesund essen kannst. Der ideale Ort, wenn du nach einer Stadtbesichtigung auftanken, aber nicht direkt alle Kalorien wieder ansammeln möchtest. Oder um nach all den Leckereien, die du unterwegs schon genossen hast, zu „detoxen".
Via Lazzaro Spallanzani 16, www.v3raw.com, Tel. 0229514295, Mo–Sa 10.30–19.00 Uhr, Metro 1 Porta Venezia

SHOPPEN

⑪ In diesem Concept-Store mit Atelier kannst du herrlich nach origineller Mode, Wohnaccessoires, handbemalter Keramik und Designermöbeln stöbern. Die Kleidungsstücke von **Ciasmo** werden zum Teil im eigenen Atelier gefertigt, sind von der Mode der 1970er-Jahre inspiriert oder aus afrikanischen Stoffen gearbeitet.
Via Orti, Ecke Via Commenda, www.ciasmo.it, Tel. 0255185548, Di–Sa 11.00–20.00 Uhr, Metro 3 Crocetta oder Porta Romana

⑱ **ZU-ZU' lab** ist ein fröhlicher Laden, in dem kleine Taschen, Etuis, Schreibwaren sowie Stoff- und Papieraccessoires verkauft werden. Alles, was du hier findest, wurde von Hand in Italien hergestellt. Die farbenfrohe Illustrationen im Retrostil stammen von Rita, Architektin und Besitzerin dieses Geschäfts. Tipp für diejenigen, die noch Weihnachtskarten verschicken: Hier findest du originelle, hippe Karten für die Weihnachtszeit.
Via Carlo Botta 37, www.zuzudesign.it, Mo–Fr 15.00–19.30 Uhr, Straßenbahn 9 Via Pier Lombardo

34

37
IL MARATONETA

18
ZU·ZÜ
PINK
MADE
IN

(19) **Les Hommes** ist die flämische Modemarke der Designer Tom Notte und Bart Vandebosch. Dieser Laden ist ihr zweiter neben dem in Amsterdam. Das Designerduo bietet hier luxuriöse, robuste Herrenmode und Accessoires an. Die Kollektion umfasst u. a. Bomberjacken mit Schlangenprint, Jacketts und Oberhemden.
Via Bergamo 6, www.leshommes.com, Tel. 0229005888, Di–Sa 10.30–19.00 Uhr, Straßenbahn 16 Via Bergamo

(21) Schnell ist man am Schaufenster dieses Ladens vorbeigelaufen, aber **Gioielli Rossini** ist einen Besuch wert, wenn du nach handgemachtem, einzigartigem Schmuck verschiedener Goldschmiede suchst. Ein Teil der Kollektion stammt von Gold- und Silberschmieden, die ihre Produkte hier anbieten, ein anderer Teil von Schmieden, die ihre Werke hier temporär ausstellen.
Viale Monte Nero 58, www.galleriarossini.com, Tel. 0239980146, Di–Sa 10.00–19.00 Uhr, Straßenbahn 9 Via Spartaco

(22) **Ernst Knam** wird als „König der Schokolade" bezeichnet. Mit seinen Kreationen hat er viele Preise gewonnen. In seinem Laden gibt es normales Gebäck, aber auch überraschende Kreationen auf Basis von Schokolade, oft kombiniert mit Zutaten wie Ingwer oder getrockneten Himbeeren. Außerdem ist die Auswahl an Bonbons groß. Wenn du etwas Spezielles möchtest, bestell im Voraus.
Via Augusto Anfossi 10, www.eknam.com, Tel. 0255194448, Mo 16.00–20.00, Di–Fr 10.00–13.00 und 16.00–20.00, Sa 10.00–13.00 und 15.00–20.00, So 10.00–13.00 Uhr, Straßenbahn 9, 12, 23, 27 Piazza Cinque Giornate

(23) Die enorm fröhliche Kindermodenkollektion, die bei **La Casa de Pepa** erhältlich ist, macht sofort gute Laune. Hier gibt es farbenfrohe Schuhe und Kleidung für Kinder bis 12 Jahre. Außerdem schöne Wanddekorationen und Holzmöbel für das Kinderzimmer. Auch (Holz-)Spielzeug ist hier erhältlich.
Via Augusto Anfossi 19, www.lacasadepepa.com, Tel. 0245496927, Mo 15.30–19.30, Di–Sa 10.00–14.00 und 15.30–19.30 Uhr, Straßenbahn 9, 12, 23, 27 Piazza Cinque Giornate

(27) Velasca Scarpe ist eine junge Schuhmarke, gegründet 2012, die Herrenschuhe entwirft und diese von Hand produziert. Es ist ein Familienunternehmen, das ursprünglich aus Le Marche stammt, einer Region, in der traditionell viele italie-

nische Qualitätsschuhe gefertigt werden. Die **Bottega Velasca** ist ihr erstes Geschäft in Mailand und anders als die meisten Schuhläden hip eingerichtet.
Via Archimede 41, it.velasca.com, Tel. 0230457307, Mo–Fr, So 10.30–14.30 und 15.30–19.30, Sa 11.00–20.00 Uhr, Straßenbahn 9, 19 Via Sottocorno

(31) Statte einem der beiden tollen Schokoladengeschäfte des Mailänder Familienunternehmens **Zàini Milano** einen Besuch ab, das seit 1913 Schokolade herstellt. Die Einrichtung ist eher klassisch, belebt mit einer Reihe moderner Details. Hier gibt es klassische Schokoriegel, aber auch Geschmacksvarianten, z. B. pure Schokolade mit rotem Pfeffer oder Karamell mit Meersalz.
Viale Piave 17, www.zainimilano.com, Tel. 02694914450, Mo 7.30–20.00, Di–Fr 7.30–21.30, Sa 9.00–21.30, So 9.00–19.00 Uhr, Straßenbahn 9, 19 Viale Bino Bixio

(34) **The Loft Shop** ist ein Laden für echte Dandy-Mode, Accessoires und Einrichtungsgegenstände. Im klassischen Stil von Marken, die nicht so einfach zu finden sind, wie die italienische Marke Ganesh und die amerikanische Marke Sebago.
Via Malpighi 8, www.theloftshop.it, Tel. 0220241453, Mo 15.00–19.00, Di–Sa 10.00–19.30 Uhr, Metro 1 Porta Venezia

(36) **Bivio** ist eine kleine Kette aus Vintage- und Second-Hand-Läden für Damen und Herren. Sie kaufen ausgewählte Kleidungsstücke ein, hier bist du also auch richtig, wenn du deinen Koffer ein bisschen leichter machen möchtest. Auf den Bügeln gibt es sowohl Vintage-Stücke als auch Streetwear bekannter Sportmarken wie Adidas und Nike.
Via Lambro 12, www.biviomilano.it, Tel. 0258108691, tgl. 11.00–19.30 Uhr, Metro 1 Porta Venezia

(37) Vor fast zehn Jahren wurde in Mailand der erste echte Vintage-Markt eröffnet, der East Market. Sein Motto lautet „Everything Old is New Again". Nach einigen Jahren war der Erfolg so groß, dass an eine andere Location ausgewichen werden musste. Neben dem monatlichen Markt öffnete der **East Market SHOP** seine Türen. Hier gibt es Wohnaccessoires aus den 1960ern, Jeansjacken aus den 80ern, Omas Geschirr und auch verrückten Nippes wie Marienbildchen.
Via Ramazzini 6, www.eastmarketmilano.com/east-market-shop, Tel. 0236588037, tgl. 11.00–19.30 Uhr, Metro 1 Porta Venezia

11
✳ Handmade good(s)!

FREIZEITTIPPS

(4) Der **Mercato Porta Romana** ist ein überdachter Markt, der 2018 eröffnet wurde und auf dem Produzenten der Coldiretti (Vereinigung kleiner Erzeuger) ihre Waren anbieten. Der Markt ist mittwochs und samstags vormittags, freitags nachmittags und jeden ersten und dritten Sonntag im Monat geöffnet.
Viale Friuli 10, FB mercatoportaromana, Tel. 0254102735, Mi, Sa 8.00–14.00, Fr 16.00–21.00 Uhr, Metro 3 Porta Romana oder Piazzale Lodi

(7) Gönn dir Ruhe und lass dich bei **QC Termemilano** verwöhnen. Diese Wohlfühloase, wie sie sich selbst bezeichnet, befindet sich neben einem der wenigen erhaltenen Teile der spanischen Stadtmauer. Das Hauptgebäude wurde Ende des 19. Jahrhunderts im Auftrag der ATM erbaut, dem Mailänder Nahverkehrsunternehmen. Es war ein Ort, an dem sich die Mitarbeiter nach der Arbeit entspannen konnten. Jetzt kannst du hier wunderbar im Thermalbad relaxen.
Piazzale Medaglie d'Oro 2, www.qcterme.com/it/milano, Tel. 0255199367, tgl. 9.00–0.00 Uhr, Eintritt ab 46 €, Metro 3 Porta Romana

(14) Coworking-Space, Café, Buchladen und Veranstaltungsraum in einem: **Open** ist vor allem wegen der Diversität der Dienstleistungen einen Besuch wert. Der Buchladen hat tolle Mitbringsel für zu Hause, im Bistro gibt es fantastische Törtchen und Kuchen oder gesunde Gerichte zu Mittag. Informier dich auf der Website über Veranstaltungen.

Viale Monte Nero 6, www.openmilano.com, Tel. 0283425610, Mo–Fr 9.00–21.00, Sa 10.00–19.00 Uhr, Metro 3 Porta Romana

(17) Das **Bagni Misteriosi** ist ein Freibad mit Veranstaltungsraum und Bar. Hier geht man hin, um zwischen den Mailänder Hipstern gesehen zu werden. Der Eintrittspreis für das Schwimmbad ist höher als bei anderen Mailänder Freibädern, aber in diesem Bad will man gesehen werden und tolle Fotos für den Instagram-Account schießen. Den *Aperitivo* in der Bar kannst du auch einnehmen, wenn du keine Karte für das Schwimmbad gekauft hast. Im Winter wird das Schwimmbad zur Eisbahn mit vielen kreativen Märkten.

Via Carlo Botta 18, www.bagnimisteriosi.com, Tel. 0289731800, Mo, Fr–So 10.00–18.00, Mi–Do 10.00–22.00 Uhr, Preis halber Tag 15 €, ganzer Tag 25 €, Metro 3 Porta Romana

(29) Ende des 19. und Anfang des 20. Jahrhunderts wurde Mailand zu einer der bedeutendsten Industriestädte Italiens. Direktoren und Manager großer Unternehmen ließen am Rand des Zentrums Villen errichten, umgeben von prächtigen Gärten. Die Architekten hatten dabei den Auftrag, den neuesten Architekturtrends zu folgen. Das Quadrilatero del Silenzio, wie das Viertel nordöstlich des Zentrums heißt, besteht daher vor allem aus Gebäuden im Jugendstil. Schlendere durch das Viertel, bewundere die Fassaden und besuch die **Villa Necchi Campiglio**, entworfen von Piero Portaluppi.

Via Mozart 14, www.fondoambiente.it/luoghi/villa-necchi-campiglio, Tel. 0276340121, Mi–So 10.00–18.00 Uhr, Eintritt 14 €, Metro 1 Palestro

WAS ES SONST NOCH GIBT

Wenn du dich nach Routen in diesem Guide richtest, kommst du automatisch an den wichtigsten Highlights der Stadt vorbei. Aber natürlich gibt es auch neben diesen Touren noch viele Orte und Sehenswürdigkeiten, die einen Besuch wert sind. Sie werden hier kurz vorgestellt. Achtung, einige sind vom Zentrum schwer zu Fuß erreichbar, aber mit den öffentlichen Verkehrsmitteln kommst du gut dorthin.

Ⓐ Das **Ceresio 7** eröffnete 2015 und wurde sofort zum Hotspot für einen Cocktail mit Blick über die Stadt. Das Restaurant liegt in der obersten Etage der Verwaltung der kanadischen Modemarke Dsquared2. Vom 1. Juni bis 31. August kannst du tagsüber das Schwimmbad besuchen und ein Sonnenbad mit Aussicht über Mailand genießen. Abends geht man vor allem wegen der Cocktails oder eines guten Dinners hierher.

Ceresio 7, www.ceresio7.com, Tel. 0231039221, tgl. 12.30–1.00 Uhr,
Preis Aperitivo 20 €, Metro 5 Monumentale, 2 Garibaldi

Ⓑ Der monumentale **Stazione Centrale** ist der zweite Bahnhof Italiens nach Roma Termini. Schon zu Beginn des 20. Jahrhunderts beschloss man, dass die Stadt einen größeren Bahnhof benötigte. Der Entwurf wurde u. a. wegen des Ersten Weltkriegs und des Aufkommens des Faschismus mehrmals aufgeschoben und angepasst. Schließlich wurde der aufgewertete Komplex 1931 in Betrieb genommen. Von diesem Bahnhof aus kannst du andere Städte in der Lombardei erreichen oder mit der Hochgeschwindigkeitslinie weiter in den Süden Italiens fahren.

Piazza Duca d'Aosta, Metro 2, 3 Centrale

Ⓒ Der riesige **Cimitero Monumentale** ist der erste offizielle und wichtigste Friedhof von Mailand. Das Eingangsgebäude war zunächst als Kirche bestimmt, der Architekt Maciachini änderte es jedoch in ein Famedio. In diesem „Tempel" wird berühmten Mailändern gedacht. Der dahinter liegende Friedhof mutet wie ein Freilichtmuseum aus besonderen Grabmonumenten begüterter Mailänder an.

Piazzale Cimitero Monumentale, Di–So 8.00–18.00 Uhr, Eintritt gratis,
Metro 5 Monumentale

(D) Der **Pirelli HangarBicocca** wurde 2004 auf einem ehemaligen Gelände der Pirelli-Fabriken eröffnet. Im Ausstellungsraum werden auf 15 000 Quadratmetern verschiedene Aktivitäten organisiert. Es gibt ein Bistro, einen Workshop-Raum für Kinder und regelmäßig (kostenlose) Führungen und Begegnungen z. B. mit Künstlern, deren Werke ausgestellt werden. Jede Ausstellung wird für den Hangar entwickelt oder an ihn angepasst, Erläuterungen sind immer auf Italienisch und Englisch vorhanden. Ein Tipp ist auf jeden Fall die ständige Ausstellung *I Sette Palazzi Celesti* von Anselm Kiefer.

Via Chiese 2, pirellihangarbicocca.org, Tel. 0266111573, Do–So 10.00–22.00 Uhr, Eintritt gratis, Metro 1 Sesto Marelli

(E) Sämtliche Kunstwerke und Designerstücke in diesem Showroom wurden von der Eigentümerin **Rossana Orlandi** selbst ausgewählt. Dieser Ort ist in Mailand und weit darüber hinaus eine Institution. Auch viele Objekte niederländischer Designer stehen zum Kauf, unter anderem von Piet Hein Eeck.

Via Matteo Bandello 14, www.rossanaorlandi.com, Tel. 024674471, Mo–Sa 10.00–19.00 Uhr, Metro 1 Conciliazione, 2 Sant'Ambrogio

Ⓕ **San Siro** ist die Heimspielstätte zweier Spitzenfußballclubs aus Mailand, dem Inter Milan und dem AC Milan. Das riesige Stadion bietet Platz für 85 000 Zuschauer. Wenn du ein Spiel schauen möchtest, solltest du die Karten lange im Voraus kaufen. Wenn du nicht zu einem Spiel kannst, buch eine Führung und wirf einen Blick in das **San Siro Museum**. Hier erfährst du alles über die Geschichte der Vereine und ihrer Spieler. Die Öffnungszeiten können an Spieltagen abweichen. Wirf daher vorher einen Blick auf die Website.

Piazzale Angelo Moratti, Ingresso 8, www.sansirostadium.com, Tel. 024042432, tgl. Sommer 9.30–18.00, Winter 9.30–17.00 Uhr, Preis Führung einschl. Museum 18 €, Metro 5 San Siro Stadio, Straßenbahn 16 San Siro Stadio

Ⓖ Möchtest du etwas völlig anderes unternehmen und dich gern unter die Italiener mischen? Dann besuch die Pferderennen im **Ippodromo San Siro**. Schon die Beobachtung des Publikums ist ein Ereignis für sich. Hier bekommt man alles zu sehen, vom überschwänglichen Italiener bis zu VIPs in schicken Outfits. Vor dem Eingang des Komplexes steht ein riesiges Pferdestandbild, entworfen von Leonardo da Vinci zum Gedenken an Francesco Sforza, den Vater seines Auftraggebers. Das Monument wurde erst 1999 endgültig realisiert.

Piazzale dello Sport 16, www.ippodromisnai.it/sansirogaloppo, Tel. 0202482161, siehe Website für Zeiten und Preise, Metro 5, Straßenbahn 16 San Siro Ippodromo

Ⓗ Jeden Dienstag und Samstag findet der **Mercato di Viale Papiniano** statt. Dann wird die breite Viale Papiniano für den Verkehr gesperrt. Auf diesem größten Frischmarkt von Mailand gibt es Gemüse, Obst und Fisch. Diese kommen oft mitten in der Nacht aus Süditalien an, um frisch bei den Mailändern im Kühlschrank zu landen. Obwohl Mailand nicht am Meer liegt, ist der Fisch hier wirklich frisch.

Viale Papiniano, Di 8.00–15.00, Sa 8.00–18.00 Uhr, Metro 2 Sant'Agostino

Ⓘ Auch in Mailand gibt es ein **Chinatown**. In der Via Paolo Sarpi und vielen ihrer Seitenstraßen gibt es hauptsächlich Läden und Restaurants, die von Chinesen betrieben werden. Hier findest du volle, farbenfrohe Geschäfte mit Plastikgegenständen, Haargummis, billiger Kleidung und Telefon-Gadgets. Wenn du Lust auf ein asiatisches Dinner hast, bist du bei den traditionellen Restaurants und bei den hipperen Imbissen, die seit einigen Jahren aus dem Boden schießen, richtig.

Via Paolo Sarpi, Straßenbahn 12, 14 Via Bramante-Via Sarpi

Ⓙ Nimm die Metro 1 nach Turro und lauf ein Stück am Martesana entlang, einem der drei Kanäle Mailands. Sie kommen aus dem Fluss Adda, der durch den Comer See fließt. Bei East River Martesana kannst du Fahrräder mieten. Von hier aus kannst du stundenlang **am Martesana-Kanal radeln** und Ruhe, viel Grün und hübsche kleine Orte genießen. Schon bald triffst du auf schöne Imbisse wie das Bistro **Tipografia Alimentare**, das Kulturmuseum **Cascina Martesana** und die Eisdiele **Gelabottega**. An sonnigen Tagen geht es hier sehr lebhaft zu.
Via Jean Jaurès 22, www.eastriver-martesana.it, Fahrradvermietung siehe Website zu Zeiten, Preis Fahrradmiete 5 € pro Stunde, Metro 1 Turro, Gorla

Ⓚ Wenn du dem Trubel und der Hitze der Stadt einmal entfliehen möchtest, nimmst du den Zug und machst einen **Ausflug** nach **Como**. Das ist eines der vielen schönen Städtchen, die innerhalb einer Zugstunde von Mailand erreichbar sind. Como bietet als Extras jedoch ein Zentrum, das größtenteils autofrei ist, und natürlich seine Lage am Meer. Du kannst auf dem Boulevard schlendern oder in einer der vielen Boutiquen shoppen, an denen die Stadt reich ist. Es gibt auch eine Reihe schöner Museen wie die **Villa Olmo**, in denen regelmäßig Ausstellungen organisiert werden. Wer hoch nach oben möchte, nimmt die Funicolare nach Brunate und genießt einen fantastischen Blick über das Meer, bei klarem Wetter sogar bis zu den Alpen.
Como Lago, www.turismo.como.it, fast stündlich Züge ab Milano Centrale und Milano Cadorna, Ausstieg am Bahnhof Como Lago (nah an Meer und Zentrum) oder Como San Giovanni (15 Minuten Fußweg zu Meer und Zentrum). Die Bahnhöfe liegen an unterschiedlichen Strecken.

Ⓛ Lust, einfach mal abzutauchen? Dann nimm den Zug ab Milano Centrale oder Milano Porta Garibaldi nach Lecco, wo du in die Regionalbahn Richtung Tirano umsteigst. Fahr ab Lecco noch zwei Stationen weiter nach Abbadia Lariana oder Mandello del Lario. Hier kannst du an einem (kostenlosen) Strand die Sonne genießen, **im Comer See schwimmen** und dem Stimmengewirr der Italiener lauschen. Die Zugfahrt dauert nicht länger als eine Stunde (einschl. Umstieg) und kostet ca. 5 Euro pro Person.
Abbadia Lariana, www.trenord.it, Zeiten und Preise auf trenord.it, fast stündlich ein Zug ab Milano Centrale und Milano Porta Garibaldi FS, Umstieg auf Regionalzug am Bahnhof Lecco, Ausstieg am Bahnhof Abbadia Lariana oder Mandello del Lario.

Ⓜ Wenn du einen Abendflug vom Flughafen Orio al Serio gebucht hast oder etwas länger in Mailand bist, ist ein Ausflug nach Bergamo eine schöne Ergänzung deiner Reise. Von den Bahnhöfen Milano Centrale und Milano Porta Garibaldi fährst du mit dem Zug in ca. 45 Minuten zum Bahnhof Bergamo. Die Altstadt liegt auf einem Hügel und ist als Bergamo Alta bekannt. Du kannst den Berg zu Fuß bewältigen oder die Funicolare nehmen. Im Zentrum gibt es viele kleine Läden und tolle Restaurants. Das **Museo Civico di Scienze Naturali di Bergamo** (naturwissenschaftliches Museum) ist einen Besuch wert.

Bergamo, www.visitbergamo.net, stündlich ein Zug ab Milano Centrale und Milano Porta Garibaldi FS, Ausstieg in Bergamo

PANZEROTTO

REGISTER

SEHENSWÜRDIGKEITEN

ESSEN & TRINKEN

SHOPPEN

REGISTER

FREIZEITTIPPS

VERKEHR

IN GLEICHER REIHE

ISBN 978-3-7343-2021-7

ISBN 978-3-7343-2583-0

ISBN 978-3-7343-1878-8

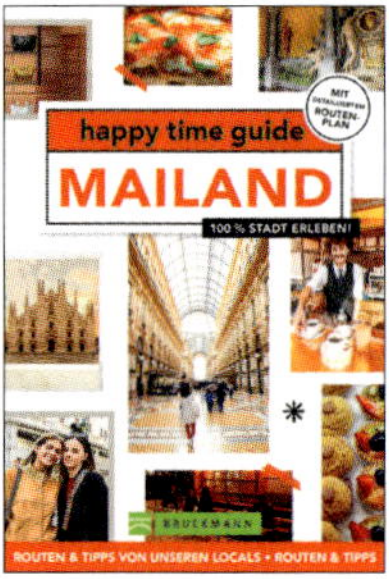

ISBN 978-3-7343-2582-3

Happy time guide – mehr als ein Reiseführer!

Der happy time guide nimmt dich mit auf unterschiedliche Spaziergänge, auf denen du die Stadt in deinem eigenen Tempo entdeckst und den Lebensstil der Locals kennenlernst. Und das alles, ohne dich vorbereiten zu müssen! Alle Adressen sind persönliche Empfehlungen der Autoren, die in der Stadt leben. Mit inspirierenden Bildern und praktischen Ausklappkarten.

BRUCKMANN

www.bruckmann.de

IMPRESSUM

This edition is published by Bruckmann Verlag GmbH
in cooperation with »time to momo«.
Autorin: Inge de Boer
Fotos: Roy Bisschops, Ilse Ouwens, Vincent van den Hoogen
Layout: Studio 100%, Oranje Vormgevers
Kartografie: Van Oort redactie en kartografie
Repro: MasterColors Media/LUDWIG:media

DEUTSCHE AUSGABE

Infanteriestraße 11a, 80797 München

Verantwortlich: Claudia Hohdorf
Übersetzung: Elke Adams
Redaktion: Susanne Maute
Korrektorat: Simona Fois
Satz: mcp concept GmbH
Repro: LUDWIG:media
Herstellung: Alexander Knoll
Printed in Slovenia by Florjancic

ISBN 978-3-7343-2582-3

Sind Sie mit diesem Titel zufrieden? Dann würden wir uns über Ihre Weiterempfehlung freuen. Erzählen Sie es im Freundeskreis, berichten Sie Ihrem Buchhändler, oder bewerten Sie bei Onlinekauf. Und wenn Sie Kritik, Korrekturen, Aktualisierungen haben, freuen wir uns über Ihre Nachricht an Bruckmann Verlag, Postfach 40 02 09, D-80702 München oder per E-Mail an lektorat@verlagshaus.de.

Unser komplettes Programm finden Sie unter www.bruckmann.de

In diesem Buch wird aus Gründen der besseren Lesbarkeit das generische Maskulinum verwendet. Weibliche und anderweitige Geschlechteridentitäten sind dabei ausdrücklich mitgemeint, soweit es für die Aussage erforderlich ist.

Die Deutsche Nationalbibliothek verzeichnet diese Publikation in der Deutschen Nationalbibliografie; detaillierte bibliografische Daten sind im Internet über http://dnb.d-nb.de abrufbar.

ERSCHIENEN

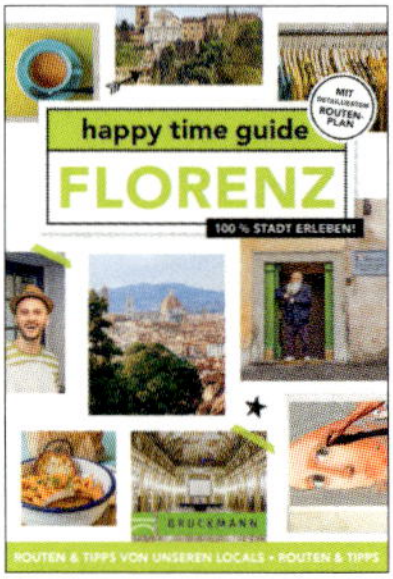

ISBN 978-3-7343-2581-6

ISBN 978-3-7343-2576-2

ISBN 978-3-7343-2580-9

ISBN 978-3-7343-2579-3

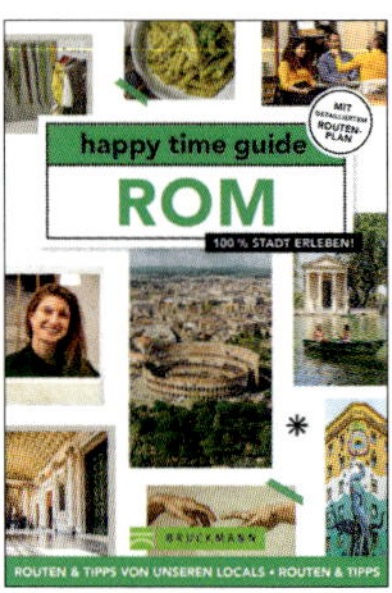

ISBN 978-3-7343-2578-6

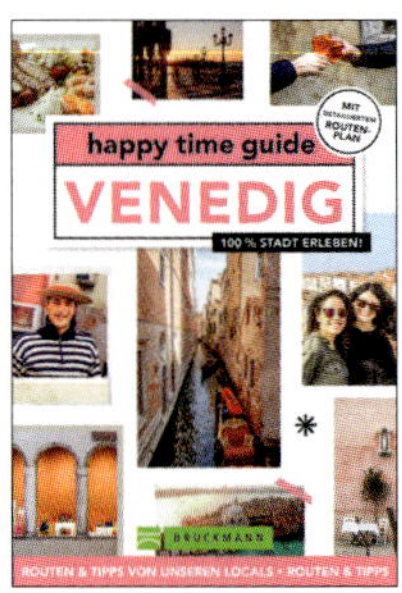

ISBN 978-3-7343-2577-9